Einfach. Gut.

Erwin Steinhauer und Günther Schatzdorfer

Einfach. Gut.

Eine kulinarisch-kulturelle Reise ins Friaul und nach Triest

von
Günther Schatzdorfer
mit
Erwin Steinhauer

Mit Fotos von Ferdinand Neumüller

Wien / Duino
2005

Verlag Carinthia

Impressum

Internet: www.carinthiaverlag.at

Hinweis: Die Autoren bevorzugen die Beibehaltung der alten Rechtschreibung.
Fotos: © Ferdinand Neumüller, Klagenfurt
Lektorat: Gerhard Maierhofer
Gestaltung: Pliessnig/TextDesign
Satz & Repro: TextDesign GesmbH, Klagenfurt
Druck und Bindung: Druckerei Theiss GmbH, St. Stefan im Lavanttal
Printed in Austria

ISBN-10: 3-85378-612-X
ISBN-13: 978-3-85378-612-3

„Das Essen läutet den Tag ein wie die Liebe ihn aus."

Jean Paul

„Mai si manja sul stomigo svodo!"
(„Man ißt nicht auf leeren Magen!")

Altes Triestiner Sprichwort

An Stelle eines Vorworts

Dieses Buch ist kein Reiseführer, sondern ein Reiseführer für Menschen, die es bevorzugen, ohne Reiseführer zu verreisen. Es ist geschrieben von zwei Menschen, die von dem schlichten Motiv beseelt sind, dort, wo sie sind, einfach dazusein. Man mag das für Ignoranz halten. Dem Argument steht entgegen, daß jene, die mit dem Finger im Baedeker verreisen, nur das sehen werden, was im Baedeker steht, also wenig von Land und Leuten, auch kaum etwas von den Menschen. Vor allem werden sie nichts über sich selbst erfahren. Wer essen will, wie's im Kochbuch steht, soll zuhause bleiben und selber kochen. Für den, der sich wegen einem guten Tropfen die Schuhe nicht im Lehm eines Weinbergs schmutzig machen will, für den gibt es den gut sortierten Versandhandel. Wem es schlicht um die Betrachtung feudaler Baudenkmäler geht, der kann auf prächtige Bildbände zurückgreifen und bleibt so vom Wetter unabhängig.

Geschichte und Geschichten sind ätherische Angelegenheiten, deren man nur durch Neugier und Staunen teilhaftig werden kann. Wenn man unbekannte gute Winzer sucht, muß man zum Friseur gehen. Dort kennt man sie. Über die historischen Zusammenhänge sollte man die Pensionisten in der Bar Sport befragen, deren Wirtin auch weiß, wo man einfach gut essen kann.

Je ahnungsloser man verreist, umso mehr erfährt man von Land und Leuten. Wer nichts erwartet, bekommt viel.

Günther Schatzdorfer
Erwin Steinhauer

Am Ende fängt alles an

Die zwei Freunde waren die einzigen Gäste in der Gaststube und warteten auf Prosciutto und Käse; Wasser und Wein stand auf dem Tisch. Sie schwiegen. Eine Uhr tickte laut. Zuerst sah sich der eine um, dann der andere. Es gab keine Uhr im Raum. Da wurde ihnen bewußt, wie still es im Karst sein kann.

Sie begannen zu reden: übers Essen, übers Trinken, über verlorene und ersehnte Lieben, über die Frauen ihres Lebens, mit denen sie in die Provinzen von Triest, Görz und Karnien gereist waren, von unvergleichlichen Sonnenuntergängen, durchwachten Nächten, von der Bora und den großartigen Menschen, denen sie hier begegnet waren; von den schönen Dingen und von der Angst, diese wieder zu verlieren. Sie redeten in die Stille hinein, gegen die Stille. Unter alten Freunden redet es sich friedlich und ernst, auch mit einem Lächeln, selbst wenn beide hungrig sind.

Langsam wie der Schatten einer Sonnenuhr schälte sich die alte Wirtin aus dem Dunkel der Küche; gebeugt und fast lautlos näherte sie sich dem Tisch, in der einen von Arthritis gekrümmten Hand einen Korb mit Brot, in der anderen einen Teller. Auf diesem lagen Scheiben vom Prosciutto, dessen Fett weiß war wie der Schnee auf dem Triglav und dessen Fleisch tiefrot wie der Karst im Herbst leuchtete. Darauf lagen ein paar Stücke Käse: „Tabor“, das slowenische Pendant zum „Montasio“, also Bergkäse. Dieser war frisch und fast cremig weich. Er stammte vom Nachbarn, der gut zwei Dutzend Kühe sein eigen nennt und außer dem Käse sowie Milch und Butter für die umliegenden Dörfer nichts weiter produziert. Der Schinken wird vom Schwiegersohn der Wirtin geliefert, der eigentlich Baumeister ist, aber nebenbei für sie, für sich und für wenige Freunde Prosciutto produziert, welcher im Karst wesentlich würziger wird als etwa in San Daniele oder gar in Parma. Das liegt an der Luft, aber auch daran, daß die Schweine hier unter anderem mit Eicheln, Pinienkernen und Trester gefüttert werden.

Ebenso lautlos, wie die Wirtin erschienen war, zog sie sich wieder in ihr Schattenreich zurück. Die zwei Freunde aßen mit der Mischung aus Andacht und Gier, ließen den nicht filtrierten Malvasia durch ihre Kehlen rinnen. Sie redeten mit vollem Mund, wurden lauter und lauter, lachten. Das war gut gegen die Wehmut. Denn es war die letzte Stärkung vor der Rückreise in die Heimat, den Alltag.

Mildes, kastanienfarbenes Licht fiel durch die winzigen Fenster in die niedrige Stube, in welche eben ein alter Mann eingetreten war, sich niederließ, den Hut vom Kopf nahm und einnickte.

Da sahen sich die beiden Freunde an, lächelten, erhoben die Gläser und beschlossen, ein Buch zu schreiben – über die magischen Augenblicke im Leben, die einfach gut sind. Und deren haben sie viele erlebt, zwischen den Karnischen Alpen, dem Meer, dem Karst und der Tiefebene des Friaul, dort, wohin es sie aus Neugier verschlagen hat und wohin sie aus Lebenslust immer wieder zurückkehren.

Sie traten aus der mittlerweile dämmrigen Stube ins Freie. Gegenüber der Wirtschaft breiteten sich Weingärten in der Abendsonne aus. Tiefer Friede lag über Ceroglie. Nichts erinnerte daran, daß dieses Dorf in beiden großen Kriegen des 20. Jahrhunderts zerstört worden war, außer einer Gedenktafel gegenüber dem alten, stillgelegten Dorfbrunnen. Kaum noch jemand erinnert sich daran, daß auf dem Höhenrücken Richtung Osten noch vor dreißig Jahren die Wachtürme des Kalten Krieges standen, ebenso daß der Monte Ermada, welcher das Dorf überragt, mit Kavernen durchlöchert ist wie ein Stück Emmentaler, weil sich in ihm nicht nur Batterien, sondern auch das größte Feldspital des Ersten Weltkriegs sowie die zentrale Heeresküche für die Isonzo-Front befanden. Die Eingänge in dieses Höhlensystem sind mit Gestrüpp und Dornen verwachsen; nur wenige alte Menschen und ein paar Hobbyforscher kennen die Stellen, wo man halbwegs gefahrlos über steile, glitschige Treppen in die Unterwelt gelangt, welche heute von Olmen, Käfern und Flechten bewohnt wird. Es ist ein Segen, daß niemand auf die Idee gekommen ist, hier eine militärhistorische Gedenkstätte wie in Redipuglia oder auf dem Monte San Michele zu errichten. So blieben Ceroglie und das auf der anderen Seite des Berges liegende Medeazza von fragwürdigem Schlachtfeld-Tourismus verschont. Denn die Bevölkerung dieser Dörfer hat endlich – trotz aller ethnischen und politischen Differenzen – zum langersehnten Frieden gefunden. Und als der Krieg im ehemaligen Jugoslawien ausbrach – das nur ein paar hundert Meter Luftlinie entfernt lag –, solidarisierte man sich gegen jede Form von Gewalt als politisches Mittel, half den Flüchtlingen, die hier scharenweise über die grüne Grenze kamen, egal ob es sich um Bosnier, Albaner oder Kroaten handelte.

Während die beiden Freunde noch einmal die würzige Herbstluft des Karstes einsogen, kam ein alter Mann mit einem Korb des Weges. Er hatte Pilze gefunden: „mazzatamburi", also Parasole, „chiodini" (Stockschwämmchen) und Hallimasch. Der Alte lud die beiden ein, mit ihm und Freunden Risotto zu essen, das die Wirtin nun zubereiten werde. Da sahen sie nach langer Zeit wieder einmal auf die Uhr, bedankten sich höflich und gingen zum Auto.

„Wenigstens ein Glas Wein?!" rief ihnen der Mann nach. Sie taten, als hätten sie nichts gehört.

Sie fuhren gegen Norden, weg von der Sonne, und sprachen wenig. Erst als das Dunkel des Gebirges sie umfing, löste sich die Spannung, und der Schauspieler fragte den Poeten:

„Sag mir, wie machst du eigentlich ‚Risotto ai Funghi'?"

RISOTTO AI FUNGHI

In einem Topf wird halb Butter, halb Olivenöl erhitzt. Darin werden eine kleine, feingehackte Zwiebel und feingeschnittener Knoblauch kurz angedünstet. Dann fügt man die grobblättrig oder würfelig geschnittenen Pilze hinzu: Steinpilze (porcini), Eierschwammerl (finferli), Stockschwämmchen, Herbsttrompeten oder welche einem gerade in die Hände gefallen sind. Gerade die „minderwertigen" Herbstpilze geben den besten Geschmack.

Das Ganze wird gebraten, bis das in den Pilzen enthaltene Wasser verdunstet ist. Dann gießt man mit einem Schöpfer Suppe auf, rührt und wartet, bis auch diese verdampft ist. Nun fügt man den Reis bei, läßt ihn kurz glasig dünsten. Ab nun wird nach und nach mit verdünnter Suppe aufgegossen, sodaß der Reis gerade bedeckt ist, und ständig gerührt. Gewürzt wird mit grobem Meeressalz, schwarzem Pfeffer, feingehackten Kräutern (Petersilie, Thymian, Liebstöckl, Selleriegrün etc.). Unerläßlich sind getrocknete, eingeweichte Pilze, die ausgedrückt werden. Nur das Pilzwasser wird dem Risotto beigefügt.

Nach etwa zwanzig Minuten ist der Reis „al dente". Man fügt einen letzten Schöpfer Suppe hinzu, deckt den Topf zu, nimmt ihn von der Flamme und läßt den Risotto noch etwa fünf Minuten ziehen, bevor man dieses köstliche Gericht heiß serviert. Die Beigabe von geriebenem Käse wäre eine schwere Sünde.

Genuß und Charakter

Die zwei alten Freunde sind noch nicht wirklich alt, ältere Semester vielleicht, aber noch nicht reif genug, um den Torheiten des Lebens zu entsagen. Sie setzen sich zum Beispiel in ein Boot und glotzen stundenlang dahin, wo es außer Horizont nichts zu sehen gibt, und essen alles, was der Arzt ihnen verboten hat, wenn die Wirtin behauptet, es sei hausgemacht und gesund. Sie freuen sich, wenn sie die Trauben persönlich streicheln dürfen, deren vergorenen Saft sie in ein, zwei oder fünf Jahren trinken werden. Kurzum: die Region, von der die Rede ist, stellt für beide ein ideales Revier dar, wo sie einem Hedonismus mit menschlichem Antlitz frönen können.

In diesen und anderen Dingen sind sie sich einig. Darüber, was „einfach“ ist, streiten sich ihre Geister, und darüber, was „gut“ ist, ihre Gaumen. Denn die beiden Freunde sind ziemlich unterschiedlich in Gestalt und Lebensart. Folgt man der klassischen Kretschmerschen Typenlehre, so ist der eine ein leicht ins Pyknische tendierender Athlet, der andere ist leptosom und war nie etwas anderes.

Der eine ist Schauspieler, der andere ist Poet. Für ersten werden selbst noch die primitiv gezimmerten Tische in einer „osmizza“ im Karst sofort zu den Brettern, die die Welt bedeuten, auf denen sich gastronomische Komödien oder Tragödien abspielen. Schinken und Käse werden zu Schicksalsfragen, von zerkochten Nudeln ganz zu schweigen. Die sind für ihn ein Schillersches Komplott. So sitzt er in der Proszeniums-Loge, Hauptdarsteller, Publikum und Theaterkritiker in einem, und bricht – je nachdem – in Begeisterungsstürme oder Buhrufe aus.

Der Poet hingegen benimmt sich in der Öffentlichkeit genauso unauffällig wie in seinem Kämmerchen. Er fühlt sich als Autor. In der Küche nennt man diesen Koch. Also dreht und wendet er die Dinge auf dem Teller und versucht sich einen Reim aufs Rezept zu machen.

Er verfällt ins Grübeln darüber, wie man die Sache noch besser formulieren, also würzen hätte können. Er greift nicht zur Pfeffermühle, sondern kramt in seinem gedanklichen Gewürzregal. Meist vergißt er dabei aufs Essen. Selten kommt es vor, daß er findet, er selbst hätte es nicht besser vermocht. Dann allerdings ißt er hurtig und mit Genuß. Für ihn ist es mit der Kulinarik wie mit der Literatur: Schlechte Bücher legt er beiseite, mittelprächtige liest er quer, und die guten verschlingt er.

Man kann sich unschwer vorstellen, daß diese gegensätzlichen Temperamente auf ein und dasselbe Gericht völlig unterschiedlich reagieren. Während der eine in Euphorie ausbricht, verfällt der andere in Depressionen. Dieser Konflikt hat vor allem physiologische Hintergründe.

Ihre Ernährungsgewohnheiten sind völlig unterschiedlich. Wer die beiden Reisenden bei ihrer Nahrungsaufnahme beobachtet, der versteht die Welt und die Naturgesetze nicht mehr. Weshalb ist der Dicke dick und der Dünne dünn? Das bleibt ein Mysterium. Denn der Korpulente setzt auf schlanke, elegante Kost – viel Gemüse, mageres Fleisch, leichte, naturbelassene Fischgerichte. Er ernährt sich bewußt und gesund. Er fürchtet Cholesterin und die Gicht mehr als alle Theaterkritiker Wiens. Also schält er den Fettrand des Prosciutto fein säuberlich vom Fleisch und schiebt ihn mit der Messerklinge und dem Gesichtsausdruck tiefsten Abscheus an den Tellerrand. Legt man ihm „pancetta" vor, so empfindet er das als feiges Mordkomplott. Gans meidet er wie diese den Fuchs.

Der Dünne hingegen beobachtet derartiges Verhalten mit ironischer Nachsicht. Er schielt sogar nach dem Fett des anderen, während er seines genüßlich kaut. Er zelebriert den Genuß der „pancetta" – wird dabei selbst zum Schauspieler –, bis sich seinem Gegenüber vom bloßen Zusehen die Galle zusammenzieht.

Zum Ärger des Schauspielers, der sich mit eiserner Selbstdisziplin an die Mahlzeiten hält, futtert der Poet ständig. Nicht genug damit, daß er in seinem Rucksack stets Proviant und Getränke mit sich führt, als sei er auf der Flucht; bei jedem Halt strebt er sofort in eine Bar, um eine „tartina", ein „tramezzini" oder ein „dolcetto" zu verzehren. Dabei nimmt er kein Gramm zu, während der andere selbst bei der Seezunge natur schon wieder an die Waage denkt. Die Ungerechtigkeit scheint ein Naturprinzip zu sein.

Daß die beiden trotz ihrer Gegensätzlichkeit immer wieder miteinander auf kulinarische Entdeckungsreisen gehen, hat seinen Grund nicht nur darin, daß sie sich an ihre merkwürdige Freundschaft gewöhnt haben. Sie profitieren voneinander. Man könnte zur Erklärung ein chassidisches Gleichnis bemühen. Am Abend, nach dem zweiten Menù des Tages und dem dazugehörigen Quantum Wein, betrachtet der Poet den Schauspieler und stellt zufrieden fest, daß man von Essen und Trinken volle Wangen und eine gute Gesichtsfarbe bekommt, während jener seinen Freund mißt und bestätigt findet, daß man selbst von Völlerei nicht sichtbar zunimmt.

Annäherungen

Ankommen

Kommt man auf der Autobahn aus dem Gebirge, so empfiehlt es sich, diese spätestens bei Tolmezzo zu verlassen, die nächste Ortschaft aufzusuchen und eine der meist schummrigen Bars zu betreten, wo ein paar Pensionisten Karten spielen und die Dorfjugend vor dem überdimensionalen Fernseher ein Fußballspiel oder den Giro d'Italia verfolgt. Vielleicht ist auch außer der Wirtin niemand in dem Raum, von dem aus eine Tür in die „Sala da Pranzo" führt, in der es nach kaltem Essen riecht und wo nur noch mittags für die Arbeiter der Umgebung aufgekocht wird. Das erste Glas Wein jenseits der Grenze will getrunken sein, welche zwar nur mehr Erinnerung ist und doch symbolisch präsent bleibt. Freilich gibt es auch in Österreich Wein. Aber der hier schmeckt anders in diesen kleinen, dicken Gläsern, welche der Triestiner „bicèr" und der Friulaner „tajut" nennt. Er schmeckt nach Erinnerungen. Dazu gibt es Salame, Prosciutto und ein staubiges Brötchen von vorgestern. Die Qualität ist nicht von Bedeutung. Es zählt nur: wir sind hier.

In Pontebba zum Beispiel, diesem merkwürdigen Städtchen, das seit dem Bau der Autobahn völlig im Abseits liegt. Aber schon Jahre davor hatte es an Bedeutung verloren, 1918, als das Kanaltal bis Tarvis zur Gänze an Italien fiel. Bis dahin war Pontebba eine doppelte Grenzstadt, deren österreichischer Teil Pontafel hieß. Von den großen Zeiten zeugen der überdimensionierte Bahnhof, zwei Rathäuser und zwei Kirchtürme, die um die Wette in den Himmel gewachsen sind, rechts und links des Torrente Pontebbana. Auf der Brücke, die diesen überspannt, kurz bevor er sich in die Fella ergießt, erinnert eine Gedenktafel daran, daß hier die Grenze verlief. Wie überall, wo Zoll, Handel und die damit verbundenen zeitraubenden Aktivitäten eine große Rolle spielen, gab es hier diesseits und jenseits Unmengen von Gasthäusern beziehungsweise Osterie und Herbergen. Einige existieren noch; die meisten davon stehen leer und verfallen.

Der Schauspieler und der Poet haben den kulinarischen Rubikon überschritten und laben sich zur Belohnung für die Entbehrungen der Reise, die sie in Kauf genommen haben, um hierherzugelangen. Die undisziplinierten Verkehrsteilnehmer, die Warteschlange an der Maut und der Nebel auf der Pack sind vergessen. Deshalb schmeckt es ihnen. Sie lachen, sie haben andere Augen. Wahrscheinlich auch einen anderen Gaumen. Das zweite Glas schmeckt noch besser. Ist es die Ahnung vom nahen Meer? Ist es die Seele, die sich plötzlich in eine paradiesische Ebene öffnet wie das Tal? Ganz sicher ist: alles riecht plötzlich intensiver. Das liegt an der milden Luft, aber auch daran, daß es von einem Kilometer zum anderen plötzlich um fünf Grad wärmer ist.

Die Wirtin sieht die beiden Freunde zum ersten Mal in ihrem Leben, versteht kein Wort von dem Unfug, den sie strahlend von sich geben. Aber auch sie lächelt. Und plötzlich steht sie vor ihnen mit einem Teller hauchdünn geschnittener „Ricotta affumicata" aus dem Raccolana-Tal, frischem Brot und einer Flasche Olivenöl aus dem Triestiner Karst namens „Olio Celo", dem die beiden Freunde auf ihren Reisen schon öfters begegnet sind und das so schmeckt, wie es heißt: es ist himmlisch. Das ist eine unmißverständliche Liebeserklärung seitens der „padrona". Um diese zu erwidern, bestellt der Schauspieler Rotwein. Die Wirtin bringt eine Flasche Pignolo von Moschioni aus der Gegend von Cividale, aus den Colli Orientali. Pignolo! Eine uralte, autochthone Rebsorte, die so selten angebaut wird, daß sie nicht einmal in den Statistiken des Winzerverbands aufscheint. Ein trocken ausgebauter, fruchtiger, tief blauroter Wein, der lächerliche fünfzehn

Prozent Volumen hat. Dennoch oder deshalb ein göttliches Getränk. Dazu reicht die gute Frau einen Teller mit der Hirschsalame ihres Schwagers, dem es ebenfalls ein Denkmal zu setzen gilt. Die Wurst hat allerdings einen Defekt: man kann sie nicht kaufen.

Der Schauspieler und der Poet gehen fröhlich zum Auto. Wohin? Ans Meer? Ans Meer! Aber an eine längere Fahrt ist nicht mehr zu denken. Also auf ins nahe Tolmezzo, wo es bequeme Hotelzimmer gibt.

Gekochtes im Zementmantel

Ist in Gourmetkreisen von Tolmezzo die Rede, echot es nur: „Roma!" Ja, das Roma ist gut. Es war auch einmal einfach. Heute ist es so etwas wie das Steirereck des Friaul, gehört in die Kategorie „Nur vom Feinsten", wird in sämtlichen Guides hoch dekoriert und genügt den hohen Ansprüchen seines illustren Publikums.

Dem Schauspieler und dem Poeten gelüstete es aber nach einem basisdemokratischen Abendmahl. So checkten sie im Hotel Cimenti ein, das nicht nur so heißt, sondern auch so aussieht: ein scheußlicher postmoderner Betonkasten aus den sechziger Jahren. Aber vom Bett aus sieht man das nicht. Nach einer gebührenden Ruhepause begaben sie sich ins Restaurant im Erdgeschoß, das ebenso wie das Gebäude vor internationalen Architekturpreisen sicher ist.

Hier wird vom Wagen serviert. Die beiden Freunde einigten sich auf ein Degustationsmenù und lieferten sich aus. Zuerst kam – als Aufmerksamkeit des Hauses – eine „Frittata con le ortiche", ein saftiger Eierkuchen mit Brennesseln. Das „tris" begann mit „Gnocchi di zucca e ricotta", setzte sich fort mit „Cjalsòns", den Friulaner Tortellini, die mit Käse und Kräutern gefüllt waren, bevor mit feingehacktem Prosciutto gefüllte „Gnocchi ripieni" auf den Tisch kamen. Doch nicht genug damit. Wieder kam der Kellner, wechselte die Teller und servierte neuerlich Gnocchi. Diese, etwas größer als die anderen, waren mit Zwetschgen gefüllt und mit Butterbröseln garniert. Die beiden Freunde protestierten: sie hätten noch kein Dessert bestellt. Milde lächelnd belehrte sie der Maître, daß es sich bei Zwetschgenknödeln in Erdäpfelteig um eine typische Vorspeise in Carnia handle. Also aßen sie widerspruchslos und freuten sich über den köstlichen Geschmack.

Eigentlich waren sie satt und glücklich wie Säuglinge. Eine Flasche Terre Alte von Livio Felluga hatte sie bis hierhin begleitet. Nun kamen aber noch ein Collio Rosso von Roberto Picèch – ein Cuvée von Cabernet Franc und Cabernet Sauvignon, trocken und rund – und hintennach der Karren mit dem „Bollito misto“: Huhn, Zunge, Cotecchino, Zampone und Fleisch, Fleisch, Fleisch. Dazu gab es jede Menge Beilagen, auch durchaus unübliche: zum Beispiel „Fagioli in tecia“, ein Bohnenpüree, das sich sowohl mit den zu genießenden als auch den genießenden Zungen bestens vermählte. Vor allem aber gab es bunte Saucen: eine Art Apfelkren, „Mostarda di zucca“, sowie hausgemachtes Ajvar. Äußerst fein aber ist die „Salsa verde“, eine Art Pesto aus Petersilie, deren Rezept – das in hundert Varianten existiert – hier verraten sei:

PESTO DI PREZZEMOLO – SALSA VERDE

Man nimmt reichlich Petersilie, schneidet sie grob mit der Schere und tut sie in einen Mörser. Hinzu fügt man kleingehackte Silberzwiebeln und Cornichons, Knoblauch, Sardellenfilets, etwas eingeweichtes Weißbrot, einen Schuß besten Weißweinessig und püriert das Ganze mit dem Stößel, während man Olivenöl in einem feinen Faden dazuträufelt.

Sobald die Sauce sämig geworden ist, kann man sie in Gläser füllen. Bedeckt mit Olivenöl hält sie sich tagelang im Kühlschrank. Sie eignet sich nicht nur als Beilage zu gekochtem Fleisch, sondern ebenfalls zu gegrilltem Fisch oder Scampi. Auch für zwischendurch, als Aufstrich auf einer „Bruschetta", ist dieses Pesto köstlich.

Während der Maître das Rezept erklärte, fuhr der Garçon mit den Nachspeisen vor. Berge von Semifreddo, Profiteroles und Cremeschnitten, die hier „Millefoglie" heißen, türmten sich darauf. Der junge Mann war nervös, vielleicht schon müde, und nahm die letzte Kurve mit überhöhter Geschwindigkeit, was damit endete, daß der „carello" seitwärts kippte und die süßen Herrlichkeiten auf dem Teppich landeten. Niemand brüllte mit dem Garçon, der nun mit hochrotem Kopf vor dem Desaster kniete und die Cremes und Teigstücke mit den Händen auf die Tabletts schaufelte. Alle lachten, der Maître hob lächelnd und gottergeben die Hände. Auch die beiden Freunde waren nicht böse ob dieser Ungeschicklichkeit. Sie hätten sowieso nichts mehr zu essen vermocht. Dies hinderte sie aber nicht daran, sich kurz unter dem Vorwand der Hilfeleistung zu bücken, ein Profiterol zu mopsen und sich die Finger abzuschlecken.

Jenseits der Welten: Sauris

Anderntags stieß der Photograph zu ihnen. Sie hatten sich verabredet, hinauf in die Alpe Carniche zu fahren. Da ereilte den Poeten ein dringender Anruf, der ihn nach Duino zitierte. So brachten ihn also die beiden anderen zum Busbahnhof, wo er den Corriere nach Udine bestieg, nicht ohne Neid, der landschaftlichen und kulinarischen Reize, die er von früher kannte, diesmal nicht anteilig zu werden.

Sauris: das ist nicht Friaul, nicht Altösterreich, auch nicht Bestandteil der slawischen Alpenregionen. Es ist eine eigene Welt. Irgendwann – Historiker vermuten im 13. Jahrhundert – hat sich eine kleine

Gruppe von Menschen hier angesiedelt. Sie kamen – darauf läßt ihre Sprache schließen – aus dem süddeutschen Siedlungsraum, der damals eine deutliche slawische Präsenz aufwies. Man vergesse nicht, daß die Slawen damals in friedlicher Koexistenz mit den Resten der keltischen und romanischen Ureinwohner und den später zugezogenen Bajuwaren und anderen Volksgruppen die Lande südlich der Tauern bewohnten. Es wird für immer ein Rätsel bleiben, was ausgerechnet diese Menschen dazu bewog, die fruchtbaren und verkehrsgünstigen Täler zu verlassen. Religiöse Motive sind in diesem Fall auszuschließen. Waren es Kriegswirren oder Seuchen, die sie veranlaßten, den beschwerlichen Weg ins Gebirge anzutreten? Oder wollten sie sich einem ungnädigen Herrscher oder der Steuerfron entziehen? Niemand weiß das, es gibt keine Quellen.

Sicher ist, daß sie sich durch unzugängliches Gebiet kämpften, um fern von der restlichen Welt auf 1200 bis 1400 Meter Seehöhe Wälder zu roden, Almen anzulegen und Häuser zu bauen. In den Kirchen von Sauris di Sotto und Sauris di Sopra finden sich architektonische Hinweise, daß diese im Kern aus der Gotik stammen. Ab dieser Zeit bis Ende des 19. Jahrhunderts lebte man in „splendid isolation", mit der Außenwelt nur über waghalsige Saumpfade verbunden. Kein Heer der Geschichte kam auf die Idee, auf seinen Kriegs- und Beutezügen einen derart beschwerlichen Umweg zu machen. Also blieb die Bevölkerung verschont von den jahrhundertelangen, mit Plünderung und Brandschatzung verbundenen österreichisch-italienischen Scharmützeln, vom Einfall der Türken, vor den napoleonischen Horden und pflegte ihre ureigene Kultur. In Zahre, wie Sauris von seinen Einwohnern genannt wird, wurde und wird in den „stavoli", wie hier die Häuser heißen (was wohl aus dem Lateinischen „stabilio", also Befestigung, hergeleitet ist), eine eigene Sprache gesprochen, die sich mit denen anderer Sprachinseln in Südtirol oder in den „Sieben Gemeinden" nicht vergleichen läßt. Es ist eine Art Althochdeutsch mit lateinischen und slawischen Einsprengseln. Schließt der halbwegs geschichts- und sprachenkundige Zuhörer die Augen, so wähnt er sich in einer Episode des Nibelungenlieds oder zu Gast bei Oswald von Wolkenstein.

Die Straße, die heute von Ampezzo nach Sauris hinaufführt, würde kein trittsicheres Maultier mehr schrecken, wohl aber die Touristen, die sich auf die Suche nach dem berühmten geräucherten und luftgetrockneten „Prosciutto di Sauris" machen. Zwar ist sie mittlerweile asphaltiert, hat aber nur die Breite eines besseren Güterwegs. In zahlreichen Kehren und Kurven windet sie sich hinauf ins Tal des Torrente Luminei, durchquert ein paar unbeleuchtete Tunnels und tritt wieder ins Freie, wo aus dem Tal längst eine abgrundtiefe Schlucht geworden ist. Leitplanken sucht man hier vergebens; nur ein paar Steinklötze und Holzbalken bilden eine Art Absicherung, die vielleicht einem Ochsenfuhrwerk, nicht aber einer Limousine standhält.

Mutig überquerten sie den „Rio Plottenpoch" und den „Rio Neureichenpoch". Es mußte so kommen, wie es kam: An der exponiertesten Stelle der Straße, wo diese einen Tunnel verläßt und der von der Sonne geblendete Fahrer eine schmale Brücke über die Schlucht zu überqueren hat, um auf der anderen Seite wieder vom Berg verschlungen zu werden, donnerte ihnen ein hupender schwerer Lastwagen entgegen, wohl beladen mit Zentnern von Prosciutto, Würsten und geräuchertem Käse. Weshalb, fragten sich die Reisenden, setzt man sich eigentlich solchen Gefahren aus, wenn es die Produkte doch auch in den Salumerie von Udine und Triest zu verkosten gibt? Aber es war weit und breit keine Umkehrmöglichkeit und schon gar nicht Zeit für Grundsatzdiskussionen. Der Lkw hupte sich den Ärger aus seiner massigen Karosserie. Also plagte man sich im Retourgang zurück in den eben durchquerten Tunnel, wo sich eine lächerlich schmale Ausweiche befand. Das blökende Ungetüm schrammte an ihnen vorüber und donnerte weiter, talwärts. Das Erlebnis hatte auch etwas Tröstliches: Wo fünfzehn Tonnen tote Tiere auf drei Achsen herkommen, da kommt man zu zweit auch auf vier Rädern hin. So fuhren sie tapfer bergwärts.

Nach einer schier endlosen Reihe von Tunnels und Lawinengalerien entläßt der Berg die Reisenden auf etwa 1000 Meter Seehöhe in eine milde, grüne Landschaft, in welche der Lago di Sauris eingebettet liegt, ein Stausee, der als solcher nicht erkenntlich ist, sondern blau strahlt, als wäre er länger hier als die Menschen. Von hier aus windet sich die Straße weiter empor, durch üppige Almwiesen, vorbei an ehrwürdigen Wäldern. Man wähnt sich wie in den Tauern. Die ersten Gebäude werden sichtbar: mächtige, völlig unitalienische, robuste nordalpine Heuschober. Noch zwei, drei Kehren waren zu bewältigen, bis der Schauspieler und der Photograph endlich ihr Ziel erblickten.

Sauris di Sotto liegt am Sonnenhang. Es ist eine Ortschaft aus ineinandergeschachtelten und verkeilten Ställen, Scheunen und Wohnhäusern, über denen eine Kirche thront, die ihrem Äußeren nach durchaus auch im Allgäu stehen könnte, ohne aufzufallen. In der Mitte der Ansiedlung weitet sich die Fahrbahn etwas. Es wäre übertrieben, von einem Hauptplatz zu sprechen. Es muß aber ein solcher sein, denn hier befinden sich die Post, eine Bushaltestelle und vor allem ein mächtiger Gasthof, der 1804 errichtet worden ist und seit über hundert Jahren von derselben Familie geführt wird: die Locanda „Alla Pace“. Und tatsächlich strömt das Gebäude tiefen Frieden aus. Seine Mauern sind dick wie die einer Burg, und auch am Speiseplan dürfte sich seit seiner Errichtung wenig geändert haben.

Natürlich gibt es als Antipasto den legendären mild-würzigen „Prosciutto di Sauris“. Da aber die Schweine nicht nur aus zwei Hinterkeulen bestehen, sollte man auch die Produkte verkosten, die aus den restlichen Teilen hergestellt werden: frische Salame zum Beispiel, die in Essig gebraten und auf cremiger Polenta serviert wird; oder „Muset con brovada“, also Cotechino mit sauren Rüben. Das sind freilich keine Gerichte für heiße Sommertage. Aber die verbringt man sowieso mit einem leichten Fischgericht am Meer. Sauris hat im Herbst Saison, wenn die Bergwanderer sich hier stärken, oder im Winter für Schifahrer und Tourengeher. Und die brauchen allemal eine kräftige Kost: eine Suppe von Gerste und Bohnen zum Beispiel, Gnocchi mit einer Sauce aus Kürbis und Speck, mit Pilzen gefüllte „Cjalsòns", oder im Frühjahr „Pasticcio alle erbe". Selbstverständlich gibt es hier auch den für Karnien typischen „Frico", ein Gericht, das in gewissen Teilen Südkärntens als „Frika" verbreitet ist. Ihn gibt es in unzähligen Varianten, drei davon seien hier erwähnt:

FRICO 1

Reifer, geriebener Montasio wird gleichmäßig in eine geölte Pfanne gestreut, geschmolzen, gebraten, gewendet und anschließend auf Küchenpapier entfettet. Oder man stülpt die Fladen über eine umgedrehte Tasse bzw. kleine Schüssel und läßt sie erkalten, wobei sie knusprig werden. Das erfordert einige Kunstfertigkeit. Man sollte sich aber nicht entmutigen lassen. Denn mit einer gewissen Übung gelingen einem wunderschöne Käsekörbchen, in denen man Gnocchi servieren kann, am besten mit Kürbis- oder Käsesauce.

FRICO 2

Man brät kleingeschnittene oder geriebene Kartoffeln in reichlich Butter gar und fügt ungefähr die gleiche Menge geriebenen Montasio (die Hälfte frisch, die Hälfte gereift), brät das Ganze, bis die eine Seite knusprig ist, wendet den Kuchen und brät ihn fertig.

FRICO 3

Man verfährt wie beim zweiten Rezept, nur daß man statt der Kartoffeln feingeschnittene Zwiebeln nimmt. Es gibt auch die Variante, zur Hälfte

Zwiebeln und zur Hälfte Kartoffeln zu verwenden. In jedem Fall würzt man besser nicht mit Salz, weil dieses im Käse reichlich enthalten ist. Ein, zwei Handumdrehungen mit der Pfeffermühle und eventuell ein paar feingehackte Kräuter runden die Sache ab.

Wenn man in Sauris Glück hat, bekommt man als Beilage auch „Lidric di mont“, einen wilden Radicchio, der selten ist wie Enzian und dessen Fundstellen von den Familien als Geheimnis gehütet werden.

Eine Bruchstelle im Kontinent

Kaum wo ist die Grenze zwischen Norden und Süden so scharf gezogen wie in Venzone. Eben noch war man im alpinen Bauernland mit seinen schweren, von knorrigen Obstbäumen umgebenen Gehöften und Stallungen, hat Ortschaften gesehen, die typische Märkte sind, dominiert von Kirchen im Stil des südbayrischen Barock. Landschaftlich und architektonisch sind kaum Unterschiede auszumachen zu den südalpinen Gegenden Sloweniens oder Tirols. Und plötzlich, wo sich das Tal des Tagliamento zwischen dem Monte Simeone und dem Monte Plauris zu weiten beginnt, wächst der erste Wein und steht die erste italienische Stadt: Venzone.
Der Ort ist nicht groß, aber doch eine Stadt mit allem, was dazugehört: ein Dom aus dem 14. Jahrhundert, ein ebenso altes Rathaus in venezianischem Stil, mit Arkaden und einer Freitreppe, und mit Gassen, gesäumt von Häusern, die keine Häuser mehr sind, sondern kleine Palazzi. Vor allem hat Venzone eine Piazza, auf der und um die herum sich das Leben abspielt, eine Agora. In den Städtchen im Gebirge wäre so was eine gotteslästerliche Verschwendung von Weide- und Bauland. Aber hier beginnt die Erde üppige Flächen zu haben.

Venzone ist in die letzte Talenge hineingebaut, wie ein gigantisches Schlachtschiff aus Stein, das den Stürmen der Geschichte trotzte, den unzähligen blutigen Kriegen, welche die Patriarchen von Aquileia oder die venezianischen Dogen führten, der deutsche Kaiser, die österreichischen Fürsten und die napoleonischen Truppen. Vom Ersten Weltkrieg blieb es weitgehend verschont, auch wenn hier der Geschützdonner zu hören war, Truppen verpflegt und Verletzte versorgt werden mußten. Erst das Erdbeben vom Mai 1976 und die Nachbeben im September machten die Stadt dem Erdboden gleich. Nur fünf Prozent der Bausubstanz blieben erhalten, viele Tote waren zu beklagen. Dank des Fleißes und der Beharrlichkeit der Überlebenden steht heute Venzone wieder da, als wäre ihm kein Leid geschehen. Nichts deutet auf einen Wiederaufbau hin. Es ist ein stattlicher mittelalterlicher Borgo, dessen Bewohner sich durchaus dessen bewußt sind.

Auf einer ihrer Fahrten Richtung Meer erinnerten sich der Schauspieler und der Poet daran, daß die Straße ihrer Kindheit auf dem Weg in die Ferien an den Stadtmauern von Venzone vorbeiführte, und sie beschlossen, dort Rast zu machen. Es war ein heißer Sonntag im Sommer, als sie die Autobahn bei Carnia verließen und auf der alten Straße Richtung Süden gondelten, durstig, hungrig und dennoch in freudiger Erwartung. Die Stadt empfing sie mit einem Fahrverbotsschild. Sie suchten einen Parkplatz im Schatten. Schatten gab es keinen. Also stellten sie das Auto in die Sonne und schleppten sich durch das Stadttor. Der Ort schien ausgestorben zu sein und präsentierte sich wie ein architektonisches Modell, welches sie durchschritten, als wären sie selbst bloß Figuren in einer Animation. Die ersten Menschen, die sie trafen, waren zwei fröhliche junge Frauen, die dabei waren, ihr Geschäft auf der Piazza mit Zitronenbäumen, Zweigen und Girlanden mit Früchten zu dekorieren. Sie waren also im Süden, unterhielten sich mit den Damen, hielten ihnen die Leiter und

BANCOMAT
BANCOMAT

Checchini
Piazza Doc.
Zorzon,
Petrussa
Torre Rosazza Doc. Cof. 2001
Cabernet Sauvignon
Perusini Doc. Cof. 2004
Schioppettino
Pizzulin Doc. Cof. 2001
Petrussa Doc. Cof. 2003
Ronchi di Giolla Doc. Cof. 2000
Tazzelenghe
2,80
3,80
3,80
4,10
4,20
3,70
4,20
4,30
—

BROOKFIELD

affè Vecchio
Bar Ristorante
dal 1945

gaben nützliche technische Ratschläge, wie Männer das halt so tun, wenn sie flirten. Man kam überein, einen Aperitivo miteinander zu nehmen.

Gegenüber drangen Stimmen aus dem Caffè Vecchio. Drinnen, im Halbdunkel, saßen ein paar alte Männer, lasen Zeitung, sprachen kaum. Ein junges Paar löffelte Eis. Eine Fliege machte mehr Geräusch als die Kühlanlage der Bar. Die Zeit war stehengeblieben, lange vor dem Erdbeben, das die zwei jungen Frauen nicht erlebt hatten, weil sie damals noch gar nicht auf der Welt waren. Als sie heranwuchsen, war Venzone schon wieder Venzone; die Zerstörungen kennen sie nur von den Photos, die in der Loggia des Rathauses ausgestellt sind. Jolanda und Mariella sind beide Keramikerinnen geworden. Die Stadt und ihre Bewohner leben vom Kunsthandwerk, auch Kunstschmiede und Herrgottsschnitzer gibt es hier.

Schräg gegenüber, in der Straße, die zum Dom führt, liegt rechter Hand die Trattoria „Al Municipio", die über einen netten Garten verfügt. In diesen gelangt man nur, wenn man sich an der Küche vorbeischlängelt, was aber von Vorteil ist, weil man gleich sieht und riecht, was es zu essen gibt. Der Chef empfahl ihnen Steinpilze. Sie seien heute morgen frisch gekommen, die ersten des Jahres. Wie wäre es mit „Insalata di funghi con rucola e formaggio"? Sie willigten sofort ein.

Während sie im Schatten saßen, etikettenlosen Pinot Grigio und viel Wasser tranken, alberten sie noch herum. Weshalb werden rohe Pilze immer mit frisch gemahlenem Pfeffer serviert? Antwort: Damit man die Wurmlöcher nicht mehr sieht! Das mag mancherorts der Fall sein, hier aber war es das nicht. Feinblättrig geschnittene, reinweiße Porcini bildeten einen ansehnlichen Berg, der von reifem, hauchdünn gehobeltem Montasio gekrönt war. Ein paar Tropfen Zitrone darüber geträufelt, mit kaltgepreßtem Olivenöl kondiert, dazu frisches Hausbrot: es war ein Festessen. Die Steinpilze schmecken hier anders als in den Nordalpen. Das liegt naturgemäß am klimatischen Unterschied, aber auch daran, daß der Humus, den Nadeln, Laub und die Früchte im Gehölz bilden, deren Duft und Geschmack an die Schwämme vermittelt. Nicht nur Steinpilze, auch Hallimasch, Stockschwämmchen oder Täublinge entfalten intensive Aromen. Oder sollte es wieder nur am Lebensgefühl liegen? Oder ist das nur Einbildung? Vielleicht schmecken auch tiefgekühlte Scampi am Meer besser als frische am Arlberg.

Nachdem die beiden Reisenden auch noch hausgemachte Tagliatelle mit Steinpilzen und Rosmarin verkostet hatten, war trotz der Hitze ein Verdauungsspaziergang nötig. Sie schlenderten durch die Gassen zum Dom, in Erwartung, daß dieser wie alle Kirchen in Italien nachmittags geschlossen ist. Zu ihrer Überraschung war aber das Portal offen. Sie traten ein in den kühlen, menschenleeren Raum und verharrten, um ihn auf sich wirken zu lassen. In diesem Augenblick hub oben auf der Empore ein Frauenchor an, Madrigale zu singen. Die klaren Stimmen erfüllten den Dom, schienen hin und her zu schweben, echoten entlang der Wände und verklangen irgendwo in der Apsis. Die beiden Männer setzten sich auf eine Bank und lauschten. Es wurde ihnen klar, was damals, zur Zeit der Errichtung dieses Baus, der Begriff „Gottesdienst" bedeutet haben konnte.

Als die Chorprobe unterbrochen wurde, verließen die beiden Freunde die Kirche. Wie um sie zu verabschieden, erklangen in diesem Augenblick die mächtigen Glocken des Campanile. Wieder verharrten sie, bis diese verklungen waren. Dann machten sie sich auf in die Kapelle des heiligen Michael, wo die berühmten Mumien von Venzone ausgestellt sind, zumindest ein Teil davon. Es sollen über dreißig erhalten sein. Gut ein halbes Dutzend von ihnen kann besichtigt werden. Schwarze, unheimliche knochige Leiber scheinen einen aus den tiefen Augenhöhlen anzustarren. Sie erinnern an Ötzi, auch wenn sie nicht ganz so alt sind wie dieser. Es sind vermutlich fromme Kirchenmänner, die im Mittelalter in der Krypta des Doms beigesetzt worden sind und dank der speziellen klimatischen Bedingungen sich als perfekte Mumien erhalten haben. Sie sind ein Memento mori, vor dem einer, der gerade zuviel gegessen und getrunken hat – und womöglich, wie der Poet, auch noch raucht –, nicht allzu lange verweilt, sondern sich wieder ins Sonnenlicht begibt.

Langsam lösten sich lebendige Menschen aus den Schatten der Gemäuer und strömten der Piazza zu. Jolanda und Mariella waren fertig mit der Dekoration ihres Keramikladens und wegen der Vernissage sehr nervös. Sie überredeten den Schauspieler und den Poeten, unter Künstlern mit ihnen noch einen Prosecco auf den Erfolg zu trinken. Das Caffè Vecchio war mittlerweile brechend voll und laut. Vor allem am Schalter für Glücksspiele herrschte großes Gedränge. Ein Doppel-Jackpot im Fußball-Toto war auszuspielen. Die beiden Freunde erwarben je einen Schein, füllten ihn nach bestem Wissen mit ihren Tips und übergaben ihn den jungen Frauen zu treuen Handen. Ob sie etwas gewonnen haben, das haben sie bis heute nicht erfahren.

Als sie zum Auto kamen, stand dieses bereits im Schatten, genauer gesagt in dem des Monte Simeone. Dabei war es noch nicht spät. Nur wenige Kilometer weiter Richtung Süden flimmerte die Hitze über der Pianura, dem Flachland, wo nur Bäume, Kirchtürme und die weit ausladenden Dächer der Bauerngehöfte kärglichen Schatten spenden. Noch ein paar Meilen weiter, am Meer, gibt es nur noch den Schatten, den man selber wirft, in dem man sich erfahrungsgemäß nicht unterstellen kann.

Sie waren also doch noch mit einem Fuß im Norden – aber mit einem schon im Süden. Vielleicht ist es so, daß hier eine Welt an die andere stößt, so unvermittelt, daß alle paar hundert Jahre die Erde von dieser Gegensätzlichkeit erbebt und die Menschen, ihre Mauern und ihre Geschichte kurzerhand verschlingt.

Zu Füßen der Berge

Die schönste Straße, um vom Kanaltal ans Meer zu gelangen, führt entlang der südlichen Ausläufer der Alpen. Für sie braucht man Zeit. Während man von Venzone aus über die Autobahn, an Udine vorbei, Grado in weniger als einer Stunde erreicht, benötigt man für die andere Strecke wenigstens einen Tag.

Kurz nach Gemona biegt man links nach Tarcento ab, das man einst „La perla di Friuli" nannte. Es lohnt einen Spaziergang; die Stadt ist grün und hat einige schöne Architekturen vorzuweisen, welche das Erdbeben überlebt haben. Auch laden einfache, aber gute Trattorie zum Verweilen ein, vor allem die „Mulin Vieri", die „Alte Mühle".

Von Tarcento aus fährt man die romantische Straße – die auf weiten Strecken durch einen buschigen Urwald führt – nach Cividale, passiert dabei die Ortschaften Nìmis, Attimis und Faèdis, deren Namen ebenfalls auf langobardischen Ursprung hinweisen. Man fährt quasi an der Küste des eiszeitlichen Meeres entlang. Dessen Ablagerungen, die Flysch- und Lehmböden, bilden eine extrem fruchtbare Basis für Ackerbau und Weinkultur. In den Hügeln zwischen Tarcento und Nìmis liegt die Ortschaft Ramandolo, die Heimat der Traube gleichen Namens, einer Spielform des Verduzzo. Sie ergibt einen äußerst raren, autochthonen Wein, der in den Colli Orientali insgesamt nur auf sechzig Hektar bei geringem Ertrag angebaut, entweder trocken oder fruchtig ausgebaut wird und kaum in den Handel gelangt. Einer seiner bekanntesten Produzenten ist Giovanni Dri. Aber auch andere seltene Rebsorten gedeihen hier wie nirgends sonst: zum Beispiel der Schioppetino oder gar der Tazzelenghe, extrem trockene, tanninreiche Rotweine, die Kostbarkeiten darstellen. Dazu ein Rezept:

„Blècs", auch „Biechi" genannt, heißen auf hochitalienisch „Maltagliate", also „die schlecht Geschnittenen". Es handelt sich dabei um dünne, unregelmäßige Teigflecken. Sie werden sowohl aus klassischem Pastateig, aber auch manchmal ohne Eier zubereitet. Erstere Variante dient der Resteverwertung, wenn etwa Tortellini geformt werden und die nach dem Ausstechen verbliebenen Pastastücke der Verwertung harren. Die zweite Variante läßt auf Armut oder schnelle Küche schließen. Man findet diese Teigwaren mit allerlei Saucen zwischen Carnia und der Pianura. Die überzeugendste Zubereitungsart ist allerdings folgende:

BLÈCS IN TAZZELENGHE

Man öffnet eine Flasche Tazzelenghe, schüttet den Wein in einen hohen Topf, fügt ein Bündel aus wilden Kräutern bei (Thymian, Salbei, Fenchel, Oregano, Wacholder etc.) sowie eine halbierte Knoblauchzehe und eine halbe, an der Schnittfläche gebräunte Zwiebel, bringt das Ganze zum Köcheln, bis sich die Aromen entfalten. Dann fischt man Kräuer, Knoblauch und Zwiebeln heraus, erhöht die Hitze und läßt den Wein unter wiederholtem Umrühren einkochen, bis er gerade noch den Boden bedeckt und sirupartige Konsistenz annimmt. Dann gibt man den Topf vom Feuer und rührt zwei nußgroße Stücke eiskalter Butter mit dem Schneebesen ein, sodaß sich eine gleichmäßige Sauce bildet, die man mit Salz und frischgemahlenem Pfeffer abschmeckt und in der man die frisch gekochten, abgetropften „blècs" kurz schwenkt und heiß und ohne Käse serviert.

Die alten, autochthonen Rebsorten werden heute allerdings in geringen Quantitäten angebaut und nicht immer sortenrein vinifiziert. Das meiste wird an die regionale Gastronomie geliefert, der Rest ab Hof an Stammkunden verkauft. Es lohnt sich dennoch, den wenigen Schildern „Vendita vini“ oder „Azienda Agricola“ zu folgen und Umwege in Kauf zu nehmen. Kommt man zu einem Weingut und wird zu einer Verkostung eingeladen, so ist es angebracht, zuerst vertrauensbildende Maßnahmen zu setzen, indem man ein paar Flaschen der geläufigeren Produkte erwirbt und erst dann nach Ramandolo, Tazzelenghe und Pignolo fragt. Zwei, drei Flaschen dieser raren Produkte kann man meistens erstehen und verstaut sie in Demut an einem sicheren Platz im Auto, damit ihnen kein Leid geschieht.

Noch einen Grund gibt es, sich für die Colli Orientali Zeit zu lassen: Sie sind bei weitem noch nicht in dem Ausmaß touristisch erschlossen wie das Collio. Vor allem wird hier auch Käsekultur gepflogen. Südlich des Montasio und des Gran Monte, zwischen Lusevera und dem Kolovrat, versorgen Tausende Kühe, Schafe und Ziegen, Hunderte SennerInnen und die Käsespezialisten der ortsansässigen Latteria den Gourmet mit köstlichen Produkten.

Der Schauspieler und der Poet saßen zufrieden auf der Piazza del Duomo in Cividale bei einem „tajut blanc". Sie hatten eben die „Latteria di Cividale" geplündert, die jenseits der Teufelsbrücke, welche den tiefgrünen Natisone überspannt, in einer Seitenstraße zu finden ist. Natürlich hatten sie Montasio gekauft, Latteria ebenfalls, aber auch Matajur, Sòt di Trape, Malga und noch ein paar Sorten Käse, deren Namen schwer zu merken sind. Sie bestellten Brot, und wenn die Kellnerin nicht hersah, kosteten sie heimlich von ihren Schätzen. Man sollte ein Buch über Käse schreiben, meinte der Schauspieler. Und eines über Cividale, sagte der Poet. Aber eins nach dem anderen. Immerhin, sagte der Dünne, das sind gute Gründe, wieder hierherzukommen. Der andere nickte und schob sich das letzte Stück vom cremigen Malga in den Mund. Die Kellnerin grinste.

Die Freunde bestellten ein letztes Glas und waren sich einig: Der Reisende sollte auch die Vorteile der Osterweiterung nutzen, indem er samt allen da wie dort gehamsterten Waren etwa über das Isonzotal süd- oder heimwärts reist oder über einen der nun offenen kleinen Grenzübergänge ins Friaul einsickert – zum Beispiel über Uccea oder von Kobarid aus nach Stupizza und Pulfero. Das sind landschaftlich faszinierende Strecken, die obendrein durch historisch bedeutsames Gelände führen. Auch hier stoßen die Welten seit der Römerzeit aneinander und haben ihre Spannungen in den letzten beiden großen Kriegen blutig entladen. Aber die Schlachten um den Gran Monte und den Monte Cucco sind vergessen, die Grenzen spielen keine Rolle mehr, und die Menschen sind hart, aber freundlich. Wer nie mit ihnen in Lusèvera, Taipana oder Racchiuso einen „tajut" getrunken und am Fogolar aus einer alten Pfanne frisch geröstete, selbst gesammelte Marone verzehrt, dazu neuen Wein, den Ribolla, verkostet hat, wer nie an einem klaren Tag auf dem Gipfel des Matajùr gestanden ist – von wo aus man das reiche Land bis zu den Lagunen überblickt – oder der nicht im September Zeuge der Wallfahrt nach Castelmonte gewesen ist, der war nicht wirklich im Friaul.

Die beiden Freunde waren atemlos vom Aufzählen der Pflichtübungen.

„Du hast das ‚Sale e Pepe' in Stregna vergessen, die Suppe vom weißen Kürbis", sagte der Schauspieler. Der Poet wischte sich die Finger vom eben verzehrten Caprino ab und schrieb das auf.

Dann fuhren sie langsam über kleine Straßen, vorbei am Castello di Albana nach Dolegna, wo die Colli Orientali an den Collio grenzen. Seit Menschengedenken streiten sich Winzer wie Trinker, ob da oder dort der Wein besser gedeihe. Die beiden Freunde machen da keine Ausnahme.

Grenzen des Geschmacks

Kulinarische Grenzerlebnisse

Kulturgeschichtlich gibt es seit je klare kulinarische Grenzen zwischen den Landstrichen, die sich naturgemäß aus Topographie, Klima und Gesellschaftsstruktur definieren. Die Provinzen von Udine, Görz und Triest sind durch ihre zerklüftete, seit Jahrtausenden multikulturelle Struktur ein klassisches, faszinierendes Studienobjekt.

Wer selten in die Gegend kommt, wird sich immer wieder wundern, daß er mit wenigen Ausnahmen zehn Autominuten landeinwärts keinen Fisch auf der Karte findet und umgekehrt in Duino nur bedauerndes Kopfschütteln erntet, wenn es ihm nach einem „Bistecca fiorentina" gelüstet, obwohl der nächste Kuhstall keine fünf Meilen entfernt ist und sich an der Grenze bei Fernetti einer der größten Schlachthöfe Norditaliens befindet. Wer öfters hierherfährt, macht die Erfahrung, daß der köstliche Käse, den er vor ein paar Wochen in Venzone genossen hat, fünfzig Kilometer weiter in Dolegna selbst dem Namen nach unbekannt ist. „Asìno" oder gar „Tausent Roz" bekommt man nicht überall – und im nächsten Tal schon gar nicht.

Der Poet führt unter anderem deswegen ständig einen Rucksack mit sich, daß er an Ort und Stelle derlei Kostbarkeiten erwerben und sicher transportieren kann. Dieser enthält aber neben Käse, Wurst und Wein auch ein Notiz- und Skizzenbuch sowie diverses Werkzeug: einen Flaschenöffner und Korkenzieher, ein solides Schweizer Messer und einen Löffel.

„Weshalb keine Gabel?" fragte der Schauspieler, der sich gerne über diese Gewohnheit seines Freundes lustig macht. Der Poet zeigte ihm seine Hände mit zehn Fingern. Da nickte jener und verstand. Die

Gabel hat keine lange Kulturgeschichte und war dem Adel vorbehalten, bis Mitte des 19. Jahrhunderts auch die Bourgeoisie sie in die Hand nahm und mit ihr zu essen lernte. Zum Genuß der autochthonen Gerichte zwischen Sauris und Muggia aber reichen Löffel und Messer allemal.

Die bäuerliche Küche von den schroffen Tälern Karniens über die milden Hügel des Collio bis hin zum unwirtlichen Karstplateau verlangt für die Nahrungsaufnahme lediglich nach einem Löffel. Die Polenta – so sie frisch gemacht – ist ein cremiges Püree. Erst wenn sie erkaltet und getrocknet ist, wird sie in Scheiben geschnitten und wie ein Brötchen gegessen, Die „minestre“ wie „Jota“, „Pasta fagioli“, eine „Crema di funghi“ bilden ein „piatto unico“, also ein Hauptgericht, das nur mit dem Löffel zu bewältigen ist. Fleisch wird meist in Form eines Ragouts gereicht, dazu wieder Polenta oder Gnocchi. „Cjalsòns“, die friulanischen Cousins der Ravioli, oder gar die „Zlicrofi“, die Triestiner Schlutzkrapfen, wurden seinerzeit vorzüglich in Suppe oder heißer Milch serviert. Die anderen Formen der italienischen Teigwaren wie Spaghetti oder Tagliatelle, deren Genuß nach einer Gabel verlangt, haben erst mit dem Siegeszug des italienischen Nationalismus im 19. und 20. Jahrhundert nach und nach diese Regionen usurpiert. Auch das Risotto ist hier eine relativ neumodische Angelegenheit. Reis wurde in der Gegend früher nie angebaut. Das entsprechende Friulaner Gericht heißt „Orzotto“ und wird – ähnlich dem steirisch-kärntnerischen Ritschert – mit Rollgerste gemacht, die hier reichlich wächst. Auch dieses ist von seinen Ursprüngen her ein Eintopf, dem der Landmann mit seinem Löffel wacker zu Leibe rückt.

Das Werkzeug der Fischer aber ist das Messer. Sie brauchen es, um Netze zu reparieren, Muscheln zu öffnen, Fische auszunehmen und zu schuppen. Zur Zubereitung und zum Verzehr von Meeräschen, Scampi oder Muscheln ist ein Löffel völlig ungeeignet. Kleineres Getier aß und ißt man sowieso mit der Hand, größeres wird entweder im Ganzen oder in grobe Stücke geschnitten gegrillt oder als „boretto“ gesotten. In jedem Fall werden die Gerichte mit einem tüchtigen Stück flaumigem Weißbrot gereicht, welches Teller, Löffel, Beilage und Serviette in einem darstellt.

An der Küste kamen Löffel nur an Feiertagen auf den Tisch, wenn es „brodo“ gab, die kostbare Fleischsuppe, welche abseits von Weihnachten und Hochzeiten den Wöchnerinnen und anämischen Kindern vorbehalten blieb. Umgekehrt im Binnenland: Nur wenn ein ganzes Huhn oder ein Braten die Tafel zierte, benötigte man ein Messer. Die großen Fleischgerichte haben ohnehin wenig Tradition in der Küche dieser Regionen, sieht man vom „Bollito misto“ ab, das man anläßlich der erwähnten Feste köchelte. Wurde geschlachtet und gewurstet, gab es eine „Grigliata mista“, zu deren Verzehr es wiederum keines Messers bedurfte, sondern nur der Finger und guter Zähne. Auch in diesem Fall dient Brot zugleich als Sättigungsbeilage und Serviette.

Diese Sitten kennen die jungen Leute und Touristen nicht mehr – weil der Regionalismus abhanden gekommen ist, als der Nationalismus auch in den Küchen zu wüten begann. Seit aber die Erde globalisiert wurde und die Form einer Pizza angenommen hat, die Hamburger aus dem Automaten fallen und im Zillertal Zitronengras sprießt, ist es müßig zu erklären, wo die Grenze zwischen dem Löffel-Land und dem Territorium der Messer verläuft. Es gibt sie im Friaul jedenfalls noch immer.

Der Schauspieler und der Poet sind auf ihren Reisen zu bewußten Grenzgängern geworden. Sie haben gelernt, daß es in einem Fischrestaurant sinnlos ist, Käse als Nachspeise zu wollen, was ja ernährungstechnisch ein Unfug ist. Da könnte man gleich Scampi mit Gorgonzola gratinieren oder zu einem Branzino-Fondue bitten. Hic pesce, hic latte! Wer partout Käse will, soll zum Dessert dorthin fahren, wo es nicht nach Sardinen, sondern nach Kuh riecht, oder in seinem Hotel in der Minibar Parmesan bunkern.

Ebenso existiert beharrlich der Eiserne Vorhang der Cevapcici, die eigentlich „cevape“ heißen. An ihm läßt sich der slawische Siedlungsraum exakt nachvollziehen, ebenso am Gebrauch von Kraut in allen Variationen, das im Dialekt „crauti“ heißt und auf italienisch „cavolo capuzzo“.

Darüber hinaus gibt es eine ganze Reihe kulinarischer Grenzen. Die Österreicher scheinen seinerzeit Triest mit Palisaden aus Kren umzingelt zu haben, wo er heute noch zu jeder passenden oder unpassenden Gelegenheit – meist ungeschält und viel zu grob gerissen – gereicht wird. Schon im Veneto begegnet man dem „rafano“ mißtrauisch, in der Toscana ist er so gut wie unbekannt.

Der Wendekreis der Sardine befindet sich so weit im Landesinneren, wie man die heikle Fracht seinerzeit mit Karren oder Maultier bis zur Mittagshitze verfrachten konnte. Denn sie mußte nach alter Regel vor dem Mittagsläuten verzehrt werden.

Nördlich davon beginnt unmittelbar das Reich der Forelle, das sich bis in die Karnischen Alpen hinaufzieht. Sie wird gebraten, mariniert oder geräuchert. Andere Süßwasserfische sind in der Region kaum zu finden, höchstens der „persico“, der Barsch. Erfreulicherweise hat sich trotz jahrhundertelanger österreichischer Herrschaft der Karpfen als Speisefisch hier nicht durchgesetzt.

Von Istrien bis nach Görz findet man auch immer wieder – wohl als Erinnerung an das große Imperium – Gulasch auf der Speisekarte. Dieses Gericht hat allerdings kaum etwas mit dem zu tun, was zwischen Wien und Budapest auf den Tisch kommt, sondern ist meist ein bleiches Rindsragout, dem in jeder Hinsicht Paprika fehlt. Gleiches gilt für „wurstel“, die man selbst in den besten Kreisen mit Begeisterung verzehrt, die aber meist nicht geselcht sind und nach absolut nichts schmecken.

Noch einen bedeutenden Meridian gibt es: den Gemüse-Meridian. Vom Veneto in Richtung Osten gibt es eine Linie, bis zu welcher

Melanzane, Zucchine, Artischoken und ähnliches in der Küche eine bedeutende Rolle spielen, ja auch zu den Ehren eines Hauptgerichts kommen. Weiter östlich, vor allem jenseits des Isonzo, erreicht Gemüse meist nur den Status einer Beilage: Spinat etwa oder die unvermeidlichen „patate in tecia“, ein Mittelding zwischen Püree und Rösti. Selbst eine veritable Peperonata ist dort schwer zu finden. Manchmal gibt es „bled“, also Mangold, oder „zichoria“, den kultivierten Löwenzahn. Alles in allem sind das keine eleganten Gemüse, sondern deftige Vitaminspender für die Jahreszeiten, in denen kaum Salat wächst.

Eine rühmliche Ausnahme bildet diesbezüglich der Spargel, vor allem der weiße. Er wächst zum Beispiel rings um Aquileia im sandigen Boden des Schwemmlands des Isonzo, wo er hervorragende Ergebnisse zeitigt. Berühmt ist der Spargel von Fossalon, wo zu seinen Ehren jährlich Anfang Juni eine „Sagra di asparagi“ stattfindet, ein Spargel-Kirchtag. Drei Tage lang wird gesungen, getanzt und getrunken, um die Ernte des kaiserlichen Gemüses zu feiern, welches gekocht oder fritiert, nach Wahl mit gekochtem oder rohem Schinken, Rührei, brauner Butter, Kalbskotelett, Roastbeef oder Hähnchen serviert wird. Zumeist aber wird der Spargel – auch in den besten Restaurants – als Hauptgericht kalt gereicht, lediglich garniert mit hartgekochtem, feingehacktem Ei, mariniert mit Zitrone und Olivenöl. Dieses Gericht, das nur auf den ersten Blick barbarisch anmutet, ist vielleicht die unschuldigste Form für den Verzehr dieser Delikatesse. Voraussetzung ist allerdings, daß die Spargel so frisch sind, daß sich das Schälen erübrigt und sie nur etwa fünf Minuten gekocht werden müssen.

Um ihre Freundschaft nicht zu gefährden, haben Poet und Schauspieler zu Papier und Bleistift gegriffen und in bilateralen Verhandlungen festgelegt, folgende Territorien und für diese typischen Gerichte ihrer beider persönlichem Schutz zu unterstellen:

Sand und Meer

Das ist die flache Küste von Marano über Grado bis Monfalcone. Hier kommt alles in den Topf, was bis dahin auf und unter dem Sand sowie in flachem Wasser sein Dasein fristet: Krabben, Garnelen, Aale, Schnecken, Plattfische, Enten. Die Küche ist traditionell ähnlich der venezianischen. Die Zubereitung erfolgt ohne großen Firlefanz. Entweder wird gegrillt oder „in umido" gedämpft. Die wichtigsten Gewürze sind Salz, Pfeffer, Petersilie, Knoblauch, Lorbeer, mitunter Rosmarin. Weißwein, Olivenöl und Zitrone bilden weitere Zutaten. In der authentischen Küche wird alles „in bianco" zubereitet. Tomaten waren hier ursprünglich nicht zuhause. Spargel und Artischoken sind die traditionellen Gemüse. Die Beilagen beschränken sich auf Polenta, Brot und Salat.

MENÙ

Zur Begrüßung eine dampfende Schüssel mit Moscadrini oder kleinen Folpi, mit Sellerie, Kräutern und Zwiebeln im Weißweinsud gedämpft.

\- - -

Salat von jungen, kaum hühnereigroßen Carciofi,
mit Zitrone und feinstem Olivenöl mariniert.

\- - -

Ein großer Topf voller Vongole à la Gradese,
mit geröstetem Knoblauchbrot.

\- - -

Ein stolzer Teller Bigoli mit frischen Sardoni, Kapern und gerösteten Mandeln, pikant gewürzt.

\- - -

Boretto vom jungen Aal in einem Fond, der geliert, mit flaumiger Polenta.

\- - -

Sorbetto di mele.

Teufel, Spinnen, Öl

Entlang der Steilküste von Duino über Triest bis Muggia sieht der Speisezettel anders aus als in der Lagune. In den tieferen Gewässern haust anderes Getier: Mollusken und Schalentiere, welche an und unter den Felsen ideale Lebensbedingungen vorfinden; außerdem große Fische, die die offene See bevorzugen, Raubtiere des Meeres wie der Branzino. Dazu kommt, daß die Bewohner des Küstenlands ihre familiären Affinitäten zu Istrien und dem dalmatischen Archipel weder verleugnen wollen noch können – schon gar nicht in der Küche und bei Tisch. Gemüse ist selten. Man ernährt sich von Eiweiß, Kohlehydraten und Salat.

MENÙ

Zum Zeitvertreib ein Topf voller Musoli, auch „Arche di Noé" genannt, im eigenen Saft kurz geschmort.

\- - -

Eine Platte mit verschiedenen überbackenen Muscheln: Cozze, Canestrelli, Capesante, Capelunghe, adrett serviert mit Zitrone und Petersilie.

\- - -

Diverse marinierte Fische wie Sardoni, Branzino, Tono, Pesce Spada, auf Rucola serviert, mit kaltgepreßtem Olivenöl und wildem Fenchel.

\- - -

Eine Meeresspinne namens „Granzevola" in ihrer Schale.

\- - -

Panierte Sardoni, mit den Fingern zu essen.

\- - -

Eine furchterregende Scarpena, also ein Meerteufel, im Rohr mit Kartoffeln in Weißwein gegart.

\- - -

Fragole naturale.

Aus dem Stall und von der Alm

Schon wenn man die Stube betritt, riecht es nach Geräuchertem, nach Wurst, Käse und Speck; je nach Jahreszeit auch nach Minze oder Pilzen. Die großen, schweren Tische sind familiär gedeckt. Krüge für Wasser und Wein stehen darauf, dazu ein großer Korb mit duftendem Brot. Setzt man sich daran nieder, so ist selbst der hartgesottenste Agnostiker geneigt, ein Tischgebet zu sprechen. Hier gibt es nur das zu essen, was in harter Arbeit der Natur abgerungen ward: sprödes Getreide, das dem harten Klima widersteht; Fleisch von Tieren, die dieses bis zu ihrer Schlachtung überlebt haben; dazu Obst und Gemüse, das bis hinauf an die Baumgrenze irgendwie gedeiht, wenn es der Mensch anständig pflegt.

MENÙ

In der Mitte des Tisches stehen Schüsseln mit „Toc' in braide"
sowie „Suf", aus denen sich jeder Gast mit seinem Löffel bedient.
Des weiteren wird Frico zum Naschen gereicht.

\- - -

Eine Platte mit Wurstwaren wird serviert. Geräucherter Schinken,
Salame, Wild, je nach Jahreszeit. Ein paar Stücke Käse,
frisch und reif, beleben die Szene. Man ißt mit den Fingern.

\- - -

Es folgen ein paar Schüsseln mit Cjalsòns, Gnocchi oder Polenta, mit
verschiedenen Saucen, aus denen sich jeder nach Belieben bedient.

\- - -

Eine in Essig gebratene Wurst für jeden.

\- - -

Gubana, ersäuft in Zirbengeist.

Fette Erde, süßes Wasser

Die reichste und raffinierteste Küche der Region findet man in „Piedemonti“, in der Landschaft zu Füßen der Berge, wo eiszeitliche Moränen, das Urmeer und die alpinen Flüsse Ablagerungen hinterlassen haben, reich an Mineralstoffen und Mikroorganismen. Dazu kommt ein gnädiges Klima: feuchte, milde Winter, wohltemperierte Übergangszeiten und heiße, sonnige Sommer. Seit über zweitausend Jahren wird hier der Boden im besten Sinne des Wortes kultiviert. Zwischen Tagliamento und Isonzo reift einfach alles prächtig. Obst, Gemüse, Wein, Geflügel, Wild, Schweine und Rinder wachsen um die Wette. Um es profan auszudrücken: es handelt sich um eine heile Welt wie am Bauernhof von Oma Duck. Salat, Mais, Zucchine, Melanzane, Kirschen, Pfirsiche, Feigen, Khaki, Kälber, Pilze, Perlhühner, Forellen gedeihen in satter Koexistenz. Es ist schwer, sich auf ein Menù zu einigen.

MENÙ

Als Appetizer eine saftige, goldgelbe Frittata mit wilden Kräutern.

\- - -

Um den ersten Hunger zu stillen: Carpaccio von Hirsch, Ochse oder mariniertem Schwein, dazu hauchdünn geschnittene, geräucherte Entenbrust, eventuell eine Rose von der Lachsforelle, alles mit getoastetem Hausbrot und Butter.

\- - -

Ein Teller mit cremiger Polenta, darauf Geflügelleber, mit geräucherter Ricotta gratiniert.

\- - -

Flan von Melanzane mit Basilikum-Pesto, Crespelle mit Spargel oder Pilzen (je nach Jahreszeit), drei Sorten Gnocchi, Pasticcio di Radicchio, Risotto, Orzotto etc.

Gefüllte Wachteln, Arrosto di Vitello in salsa di lemone, Coniglio in Refosco, gebackenes Kitz (Capretto), Anatra selvatica und, und, und.

- - -

Profiteroles, Torta di mandorle, Semifreddo al Picolit oder ähnliches.

„Das ist nicht einfach!“ protestierte der Schauspieler.

„Hier schon!“ erwiderte der Poet.

Kraut und Rüben

Seit die Römer und später die Venezianer das Hügelland von Görz bis Istrien vom alten Baumbestand „befreit“ haben, hat sich hier das Klima verändert. Die Bora fegt ungehindert über die felsige Landschaft; die wenigen landwirtschaftlichen Anbauflächen müssen mit Steinmauern gesichert werden, Vieh wird im Stall gehalten. Wer hier lebt und was hier wächst, muß relativ anspruchslos sein. Der Karst ist ein traditionsreiches slawisches Siedlungsgebiet. In diesem Sinne sind Küche und Speisezettel gestaltet. Manche hierorts typischen Gerichte findet man auch im Bergland um Sarajevo in ähnlicher Form, andere ähneln Rezepten aus den Karpaten oder Rußland. Kraut, Rüben, Kartoffeln und alles, was sich aus Schweinen machen läßt, bestimmen das Menù. Nichts ist raffiniert. Selbst die schwarze Trüffel wird nicht als Delikatesse betrachtet, sondern als Gewürz.

MENÙ

Zum Willkommen wird ein Holzbrett aufgetragen, darauf fingerdicke Scheiben frischer, weicher Salame, würziger, handgeschnittener Prosciutto, Lardo oder Pancetta mit gemahlenem Fenchel, dazu in Öl eingelegte Pilze, eventuell Oliven aus San Dorligo.

\- - -

Eine große Schüssel mit Jota, so dick eingekocht, daß der Löffel darin steckenbleibt; obenauf ein paar tüchtige Stücke Kaiserfleisch.

\- - -

Gnocchi di patate con ragù di capriolo, das Fleisch mit Rosmarin und Thymian in Terrano butterweich geschmort.

\- - -

Stinco di maiale, Patate in tecia, Crauti, Rape, Matavilz.

\- - -

Zavate, Gubana, Presnitz, Putizza; dazu Slivovitz oder Grappa.

„Dazu trinkt man Terrano", ergänzte der Poet.
„Ja", sagte der Schauspieler, „und einen doppelten Fernet. Aber intravenös!"

Das Imperium bittet zu Tisch

In Triest, wo mancher gerne der Nostalgie frönt, mehr aber noch in Görz finden sich veritable altösterreichische Küchentraditionen. Man muß nicht zu Kaisers Geburtstag im August zum Volksfest nach Giassico fahren; es genügt, ein Lokal zu betreten, in dem ein Konterfei Franz Josephs über der Anrichte hängt, um zu begreifen, daß vielerorts zumindest kulinarisch keine Vergangenheitsbewältigung stattgefunden hat. Die Rezepte sind oft weit entfernt von ihrem Ursprung, aber die Speisen sind gewürzt mit der Erinnerung an bessere Zeiten, als selbst der Hunger noch eine romantische Angelegenheit zu sein schien. Es findet auch in den Kochtöpfen eine Verklärung des Fin de siècle statt, die ungerechtfertigt ist. Denn der Kaiserschmarren, den man heute mitunter auf den Speisekarten östlich des Isonzo entdeckt, war hier nie ein traditionelles Gericht. Er ist ungefähr so authentisch wie die Salzburger Mozartkugeln.

MENÙ

Gekochter Schinken mit Kren, dazu Brioche.

\- - -

Pürierte Gemüsesuppe mit geriebenem Käse und Olivenöl.

\- - -

Gnocchi di pane con sugo.

\- - -

Gulasch mit Polenta, Kaiserfleisch mit Kraut,
Stinco di vitello mit Risipisi.

\- - -

Strudel di mele, Kugelhupf, Kipfel alla vaniglia, Torta di Sacher.

„Kulinarisch gesehen", sagte der Poet, „bin ich eigentlich unendlich dankbar, daß das Küstenland nicht mehr zu Österreich gehört."
„Das soll italienisches Essen sein?" fragte der Schauspieler. „Und weshalb gibt es dann eine umbrische, toscanische, lombardische, napoletanische und sonstige Küchen? Ich will essen, wie man hier ißt, zwischen Berg und Meer. Einfach und gut. Wo gibt es das?"
„Gute Frage", sagte der Poet und schnürte seinen Rucksack. „Machen wir uns auf die Suche nach dem, was wir suchen."
So fuhren sie wieder einmal ziellos über die Dörfer.

Jahreszeiten

Winter im Hafen

Der Schauspieler und der Poet waren wiederholt im Winter am Meer. Das kann sehr ungemütlich sein, aber auch faszinierend. Freilich: die Häuser haben Steinböden, und die sind natürlich kalt. Parketten widerstehen der salzhaltigen Luft sehr schlecht. Die Fenster sind in der Regel einfach verglast. Wenn die Bora bläst oder der Scirocco weht, muß man die Fensterläden dicht machen. Diese heißen im Dialekt „scuri", also „die Dunklen". Schließt man sie, ist es drinnen auch tagsüber finster. Was im Sommer gut ist gegen die Hitze, ist im Winter schlecht fürs Gemüt. Erschwerend kommt hinzu, daß trotz der zur Schau getragenen altösterreichischen Tradition Tuchenten, also Federbetten, weitgehend unbekannt sind. Man liegt auf einem klammen Leintuch, deckt sich mit einem ebensolchen zu, auf welches man so viele schwere Decken schichtet, bis man sich vorkommt wie eine Erbse unter einem Berg von Lasagne. Seltsamerweise friert man trotzdem. Aber man gewöhnt sich daran. Nach ein paar Tagen begnügt man sich mit zwei Decken und schläft in Pullover und Socken, empfindet das Rütteln des Windes an den „scuri" nicht mehr als nächtliche Ruhestörung, sondern als Wiegenlied.

Anderntags scheint die Sonne. Der Himmel über dem Golf von Triest ist so azurblau, wie es kein Maler je wird malen können, obwohl es Tausende seit Hunderten von Jahren versuchen. Der Wind hat sich gelegt; es weht nur noch eine leichte frische Brise. Rein optisch hatte der Frühling begonnen.

Eines Tages gegen Mittag begaben sich die beiden Freunde in den kleinen Hafen von Duino und setzten sich mutig in einer windgeschützten Ecke auf die Terrasse. Wir sind im Süden, sagte der eine zum anderen. Fast, entgegnete dieser, noch zwei, drei Wochen, dann bricht der Süden aus. Das Meer kräuselte sich still und silbrig. Sie blieben nicht lange allein. Es war Zeit für einen Aperitivo. Zuerst kamen zwei junge Mütter in Pelzmantel und Minirock, die lässig Kinderwägen vor sich herschoben und sich über die gestrige Frühjahrsmodenschau aus Mailand unterhielten. Ihnen folgten in gehörigem Abstand die dazugehörigen Männer, in Kaschmir und Leder gewandet, mit dicken Sonnenbrillen, jeder ein Handy in der Hand. Sie gaben mit wichtiger Miene eine Positionsbestimmung durch. Ja, sie seien jetzt bei der Dama Bianca, nähmen wohl einen Campari, seien aber pünktlich um eins beim Mittagessen. Mit einem „A presto, mamma!" beschlossen sie das Telefonat.

Als nächste Gäste kamen drei ältere Triestiner Fräuleins des Weges. Sie waren um die siebzig, vornehme, frisch geschminkte Gesichter, von gebläuten Haaren umrahmt, und so hager, daß die Pelze, die sie trugen, wohl mehr wogen als sie selbst. Sie rauchten im Gehen, gestikulierten, schimpften auf die Verwandschaft, verfluchten die Regierung und lobten den Friseur der anderen so penetrant, daß sofort klar war: es mußte sich um einen Stümper handeln. Auch ihnen folgte im Abstand von zwei, drei Metern ein männliches Wesen, ein alter Mann, etwas gebeugt und langsam, fast devot, aber mit pfiffigen Augen hinter dicken Brillen.

„Hier ist es genau umgekehrt wie in der Türkei!" meinte der Schauspieler. Der Poet nickte. Die jungen Damen nippten Prosecco, ihre Männer rührten in den Espressotassen. Die Damen nebenan nahmen Martini Dry, während sich ihr schweigsamer Begleiter an einem Glas Rotwein gütlich tat. Die jungen Kerle guckten entschlossen wie Juan Manuel Fangio vor dem Start, spielten mit den Autoschlüsseln und sahen ständig auf die Uhr; der Alte lächelte nur vor sich hin, wohl zufrieden darüber, daß er der einzige Überlebende unter drei Ehemännern war. Die Frauen hatten jedenfalls das Wort.

Ein dick gewandeter Fischer in Gummistiefeln und mit Mütze kam vorbei, in der einen Hand einen Plastiksack, in dem sich etwas bewegte; mit der anderen machte er eine bedauernde Geste Richtung Himmel, die alles ausdrückte. Ja, er hatte wenig gefangen, kalt sei es eben und das Meer draußen noch unruhig. Kein Wetter zum Fischen. Er zuckte mit den Achseln, trug die karge Beute in die Küche, wärmte sich an der Bar mit einem „caffè correto“. Schließlich erschienen noch die zwei schönen jungen Hafenpolizisten in ihren prächtigen Uniformen, auch im Winter braungebrannt, die Haare blondiert, mit aufgekrempelten Ärmeln, taten, als ob schon der Sommer ausgebrochen sei, flirteten mit den jungen Müttern und tranken Aperòl.

Zum Essen waren der Schauspieler und der Poet die einzigen Gäste im Saal, dessen Tische gedeckt waren, als kämen noch hundert noble Gäste. Zwei Kellner und zwei Köche kümmerten sich um sie, die Sonne funkelte in den hundert Gläsern und im Wein, der vor ihnen stand. Es gab das, was der Fischer gebracht hatte: Calamari vom Grill und dann eine „Volpina“, die Meeräsche, die sich hier um diese Jahreszeit im kalten, sauberen Wasser realtiv häufig findet. Ein einfacher, wohlschmeckender Fisch, den man entweder grillt oder im Rohr mit Gemüse, Kartoffeln und Weißwein gart. Sie probierten beide Rezepturen. Es war köstlich. Dazu gab es den typischen Wintersalat: „radicchio, rucola e fagioli“, wobei der Radicchio hier in der Gegend nichts mit den violetten runden oder länglichen Pflanzen zu tun hat, die man unter diesem Namen nördlich der Alpen gemeinhin kennt. Der Triestiner Radicchio ist ein grünes, zartes Pflänzchen, dessen Blätter – heller als der Feldsalat – diesem ähneln und angenehm bitter schmecken.

Die Köche gingen nach Hause, die Kellner servierten noch Caffè und Grappa, bevor sie sich diskrekt zurückzogen und die „Gazetta dello Sport“ lasen. Die beiden Freunde aber warteten auf den Sonnenuntergang, welcher sich pünktlich vollzog. Während die Sonne nach und nach errötete, wechselte das Meer ständig seine Farbe. Mal war es silbergrau, dann türkis und Sekunden später preußischblau, bis sich ein violetter Schimmer darüber legte, in dem goldgelbe Wellen oszillierten. Als die Sonne verschwand, war das Wasser eine endlose dunkle glatte Fläche mit einem Hauch von Silber. Der Himmel aber blieb noch lange hell. Als viel später auch dieser dunkel wurde, glänzte das Meer noch immer. Es wird hier – im Gegensatz zum Gebirge – nie finster. Diese Stunde des Tages, in der in den winterlichen Bergen der Hüttenzauber beginnt, gehört hier der Meditation. Es hat auch etwa Tröstliches, auf eine Wasserfläche zu blicken, die noch nie zugefroren war, auf der noch nie jemand Schlittschuh lief.

Es gibt auch wirklich bizarre Wintertage, an denen man unter azurblauem Himmel auf der Terrasse am Meer zu Mittag essen kann, während die Felsen und Sträucher der Steilküste noch von Eis verkrustet sind wie der Bart eines Polarforschers.

Allerdings: in einer Winternacht auf der Mole zu sitzen, in Decken gehüllt, eine Flasche Rotwein in Griffweite, vielleicht noch Vivaldi aus dem Kopfhörer, das kann sehr wohl faszinierend sein. Aber das ist eher etwas für Philosophen oder Verliebte – also in jedem Fall nur für Verrückte.

Primavera

Das Leben im Küstenland beginnt früh im Jahr, wenn der Reisende die noch schneebedeckten Wälder der Pontebbana und die zu grotesken Eisskulpturen erstarrten Wasserfälle der Raccolana hinter sich gelassen hat und nach dem letzten Tunnel auf der Höhe von Gemona wieder das Licht der Welt erblickt. Über Bäumen und Sträuchern liegt ein hellgrüner Hauch: der erste Reif des Frühlings.

Es war Anfang März. Der Schauspieler und der Poet verließen die Autobahn bei Udine, nahmen die Staatsstraße Richtung Palmanova, um einen Ort zu finden, an dem sich milde Luft atmen läßt. Sie fuhren zunächst durch die trostlosen Industriegebiete, vorbei an reichem Ackerland, dessen Erde schon von der keimenden Saat schimmerte, durch eine schier endlose Platanenallee und hielten in Lauzacco vor dem Agroturismo „La Frasca". Im Sommer ist hier ohne Reservierung kein Platz zu bekommen. Jetzt bestand dieses Problem nicht. Auf dem Parkplatz standen fünf, sechs Autos, alle mit örtlichem Kennzeichen, eingesäumt von artig zurechtgestutzten Mandelbäumchen, die trotz des noch kalten Windes rosa vor sich hin blühten.

Drinnen saßen ein paar Weinbauern, die vom Beschneiden der Rebstöcke kamen und sich heftig stritten, ob es schon an der Zeit sei, den Pinot Grigio abzufüllen oder noch nicht. Der eine hatte schon, der andere wollte noch zwei Wochen zuwarten, woraufhin der erstere zweiteren zum Idioten erklärte, der keine Ahnung von Weinbau habe, aufsprang, die Drohung ausstieß, sofort zurückzukehren, und aus dem Lokal stürmte. In der Zwischenzeit war es den beiden Reisenden gelungen, beim Juniorchef – der sich sehr emotional an der Diskussion beteiligt hatte – eine „Frittata alle erbe" zu bestellen, das klassische Friulaner Frühlingsgericht. Diese wurde frisch zubereitet, weshalb noch Zeit war, ein „affetato", bestehend aus frischer Salame, reifem Prosciutto und butterweicher Zunge, zu verkosten.

FRITTATA ALLE ERBE

Am besten gelingt sie im Frühjahr, wenn die ersten Triebe der Kräuter ein Optimum an Geschmack und Kraft entfalten. Pro Person nimmt man zwei bis drei Eier – natürlich nur jene, deren goldgelbes Dotter darauf schließen läßt, daß die glücklichen Hennen sich von Mais ernährt haben. Die Eier werden gründlich mit geriebenem Käse (halb junger, halb reifer

Montasio) verquirlt und mit wenig Salz sowie frischgemahlenem Pfeffer gewürzt. Nun werden diverse Kräuter fein gehackt. Geeignet sind Schnittlauch, Petersilie, Oregano, Majoran, Fenchel, Brennesseln, das Grün von jungen Zwiebeln oder jungem Knoblauch, Kerbel, Minze, Melisse – kurzum alles, was gerade rund um das Haus wächst. Die Kombination ist der Köchin oder dem Koch überlassen. Es gibt nur eine Regel: Es müssen sieben verschiedene Kräuter sein. Diese rührt man nun zu den Eiern, ebenso, quasi als Treibmittel, einen Schuß Mineralwasser.

In einer beschichteten Pfanne werden halb Olivenöl und halb Butter erhitzt und der Teig eingefüllt. Nach circa fünf Minuten – wenn die Oberfläche zu stocken beginnt – wendet man die Frittata und brät sie auch auf der zweiten Seite braun. Dann läßt man sie auf eine Platte gleiten, schneidet sie in Tortenstücke und serviert sie sofort. Sie dient sowohl als Zwischen- als auch als Hauptgericht, als „Primo piatto" oder als Beilage zu frischem Spargel oder mit „cicciole di maiale", den frischen Grammeln, die hier nicht in Würfel, sondern in Flecke und Streifen geschnitten werden. Was übrig bleibt, wird kalt als Jause zu einem „tajut" verzehrt.

Die Frittata war köstlich: außen leicht krokant, im Inneren saftig, fast cremig. Eine bessere, sagte der Poet, habe er nur seinerzeit bei der „Bionda“ in Borgnano gegessen. Dann sollten sie morgen dorthin fahren, sagte der Schauspieler. Das habe keinen Sinn, sagte der Dünne, denn die Wirtin sei seit Jahren tot, und stopfte völlig pietätlos ein weiteres Stück Eierkuchen in sich hinein.

In Palmanova tranken sie Caffè und gingen eine Ehrenrunde um den vor wenigen Jahren renovierten Hauptplatz der Festungsstadt. Hier hat von Anfang an kein vornehmes Geschlecht residiert, sondern nur der Militärkommandant der Serenissima. Es handelt sich um die perfekteste Wehranlage ihrer Zeit, gegen die Türken und gegen die Österreicher errichtet, ein uneinnehmbarer neuneckiger Koloß mit drei doppelten Stadttoren mitten im Flachland, der sich als Fehlinvestition erwies. Palmanova wurde nie angegriffen, sondern diente nacheinander den Venezianern, Napoleon und den Habsburgern lediglich als Garnisonsstadt. Am bemerkenswertesten ist eine Siegessäule mit Flaggenmast in der Mitte der Piazza, um die ein Gebilde errichtet ist, das von den Touristen irrtümlich für den Stadtbrunnen gehalten wird. Das war aber nie ein Brunnen, sondern das Verlies, aus dem es kein Entrinnen gab. Die Gefangenen – Marodeure, Falschspieler, Deserteure oder sonstige Delinquenten wie zum Beispiel die jeweiligen politischen Gegner – wurden von oben mit Speis und Trank versorgt, schmachteten auf feuchtem Lehmboden zehn Meter unter der Erde und durften ihr Gefängnis erst nach Verbüßung der Strafe via Strickleiter wieder verlassen – so sie noch konnten. Das sei kein Schauplatz für Fidelio, befand der Schauspieler, und sie beschlossen, diese Stadt, die einen merkwürdig unbevölkerten Eindruck macht, schleunigst zu verlassen. Die martialische Geschichte scheint bis heute nachzuwirken, und so findet sich in dem architektonisch durchaus reizvollen Ort kein kulinarisches Refugium, keine romantische Ecke, die zum Verweilen einlädt. Hier sucht man den Süden vergebens.

Sie fuhren weiter über Strassoldo – dessen alte Villa und der Borgo ringsum einen Abstecher lohnen –, gelangten nach Cervignano, über das nichts weiter zu sagen ist, als daß es sich um einen Eisenbahnknotenpunkt handelt, passierten den Isonzo, quälten sich durch den Berufsverkehr von Monfalcone und kamen noch vor Sonnenuntergang in Duino an, wo in den Felsen die ersten Mimosen blühten.

Dies sind die Lieblingsblumen der Mimen und verdanken ihren Namen deren Schutzpatron Mimos, dem griechischen Gott der Hysterie.

Früchte des Meeres

Der Frühling am Meer beginnt, wenn an den windgeschützten Stellen zwischen den sonnenwarmen Felsen der Steilküste die ersten Mimosen blühen. Das ist meist um den 8. März der Fall, rechtzeitig zur „Festa delle Donne“. Wenn die Natur zu diesem Fest noch nicht soweit ist, müssen die Gärtner mit den Produkten aus ihren Glashäusern einspringen. Denn es ist der Brauch, daß man den Frauen an diesem Tag Zweige mit den gelben Blüten schenkt, um miteinander das Ende des Winters zu feiern. Selbst die hartgesottensten Italo-Machos wagen sich nicht ohne einen großen Buschen Mimosen auf die Straße, wo sie ihn an die Donne und Signorine verteilen und dafür ein „bacio“ erhalten oder auch nicht.

Zum ersten Mal im Jahr ist der Hafen von Duino am Sonntag vormittag wieder bevölkert wie die Piazza Unità in Triest. Man hat einander lange nicht gesehen, erzählt, wer gestorben ist und wer heiraten wird, und lümmelt sich im neuen dicken, teuren Winterpelz und mit dunklen Brillen in die Sonne. Chaos herrscht. Wo normalerweise sechzig, siebzig Menschen Platz finden, wollen zweihundert zu Mittag essen, selbstverständlich ohne reserviert zu haben. Die Kellner verfluchen einander, weil sie die Gäste nicht verfluchen dürfen; die Wirtin verflucht alle miteinander, die Köche werfen mit Töpfen und Tellern. Aber irgendwie geht alles gut. Kurz vor Sonnenuntergang verläßt der letzte Branzino das Rohr und wird serviert, während das Personal die frei gewordenen Tische notdürftig säubert, weil noch immer Menschen zum Caffètrinken in den Hafen strömen.

Das sind die Tage, an denen das Meer den Speisezettel wechselt. Die Miesmuscheln, zwar noch klein, werden schon draller und gewinnen an Geschmack. Berge von „canestrelli“, im Dialekt „canestrei“ genannt, türmen sich in der Küche und werden entweder „alla piastra“ zubereitet, also kurz gegrillt, oder gratiniert. In jedem Fall sind die

Pilgermuscheln, die kleinen Verwandten der Jakobsmuschel, eine der Delikatessen des ausklingenden Winters und erfreuen den gelernten Gourmet bis in den Mai hinein. Sie stehen für ihn in Geschmack und Zartheit über der – meist gezüchteten, meist importierten – großen Shell-Muschel. Auch die „capelonge", die eigentlich „cannolicchio" heißen, haben nun Saison. Ihr korrekter deutscher Name ist Scheidenmuscheln. Da dies für viele unanständig klingt, werden sie meist fälschlich als Pfahlmuscheln bezeichnet. Sie leben senkrecht im Sand eingegraben und zeigen sich nur, wenn der Strand bei Flut von Wasser überspült wird. Dann waten Knaben und Väter vorsichtig durch den Schlick und ernten diese Meeresfrüchte mit einem langen, dünnen Messer in der gleichen Manier, wie man den Spargel sticht. Dabei muß man schnell sein, denn wenn sie Gefahr wittern, ziehen sie sich blitzschnell wieder unter den Sand zurück und sind unauffindbar.

Nun sei auch die Zeit gekommen, sagte der Poet zum Schauspieler, endlich wieder einmal ein „Fritto misto" zu sich zu nehmen. Diesem graute bei dem Gedanken an vor Fett triefende, mit Mehl mumifizierte Fischkadaver, die man unter diesem Titel in jedem pseudoitalienischen Lokal zwischen Liverpool und Moskau serviert bekommt. Doch es kam anders auf den Tisch, als er es erwartet hatte.

Auf dem Teller lagen für jeden: eine kaum spannlange Seezunge, eine ebenso jugendliche Makrele, eine Handvoll Oktopus, keiner länger als ein Fingerglied, ein gutes Dutzend Ährenfischlein, die hier „latterini" oder „girai" heißen, sowie ein Berg von „schile", diesen winzigen Garnelen, welche – in entsprechender Menge genossen – selbst dem größten Wal nicht zu gering sind. Alles Getier glitzerte golden von dem feinen Olivenöl, in dem es fritiert worden war.

Es gab kein Halten mehr. Sie aßen mit den Fingern und mit den Augen. Sie wußten, daß es nur wenige Adressen zwischen Venedig und Pola gibt, wo man einfachen Gästen derartige Delikatessen vorsetzt. Es war kein Völlern, sondern ein Spiel mit den Geschmacksnuancen. Dazu tranken sie keinen Weißwein, obwohl auch ein kräftiger Malvasia dazu gepaßt hätte, sondern einen jungen Cabernet Franc aus der Pianura. Es war perfekt.

Die kleinen Fische müssen nicht unbedingt „latterini" sein; es eignen sich alle ähnlichen Arten, auch junge Sardoni, sofern sie nicht länger sind als ein Streichholz und sich samt Kopf und Kiemen verzehren lassen. Allgemein spricht man im Küstenland von „ribaltavapori", also von Meeresgetier, das Dampfschiffe zum Kentern bringt.

Ein besonderes Kapitel der Kulinarik sind die „schile", die jungen Garnelen, die gerade ein bis drei Zentimeter lang sind. Man kann sie nach der oben erwähnten Art zubereiten oder aber nur kurz in Olivenöl rösten. Die aufwendigste Art ihrer Zubereitung ist folgende:

SCHILE IN UMIDO

Man kocht die Minigarnelen zusammen mit einer Stange Sellerie, einer Karotte und einem Lorbeerblatt in leicht gesalzenem Wasser ein paar Minuten lang. Dann werden sie überkühlt und von Hand geschält. Diese mühselige Arbeit besorgten über die Jahrhunderte die alten Frauen, die noch nebenbei mit dem Kochwasser eine cremige Polenta rührten. Die ausgelösten Tiere werden nun kurz in heißem Olivenöl geschwenkt, mit Weißwein abgelöscht, mit Petersilie und frischgemahlenem Pfeffer gewürzt. Auf jeden Teller setzt man einen Schöpfer Polenta, drückt in die Mitte des Hügels einen kleinen Krater und füllt diesen mit den „schile". Wer dieses im Grund einfache Gericht einmal gegessen hat, wird für den Rest seines Lebens auch ohne Hummer auskommen.

Asparagi

Nun wollten der Schauspieler und der Poet auch den Karst im Frühjahr erleben und fuhren von Duino über Sistiana hinauf nach Malchina und weiter über die Dörfer in Richtung Monrupino. Die Natur – man befindet sich immerhin auf gut dreihundert Meter Seehöhe – ist im Vergleich zu der längs der Küste oder in der Pianura zwei, drei Wochen im Rückstand. Aber auch hier liegt bereits grüner Schimmer über dem Gesträuch; die wenigen Obstbäume in den geschützten Gehöften blühen weiß wie die Wolken, die die Bora über den tiefblauen Himmel treibt. Die Macchia ist durchsichtig. Dazwischen leuchten terracottarot die kultivierten Flächen, auf denen Wein und Kartoffeln wachsen. Die Knollenfrüchte gedeihen hier vorzüglich, werden groß, rund und rötlich und sind das optimale Ausgangsprodukt für flaumige Gnocchi.

Alles in allem bietet sich nicht nur im Herbst, sondern auch im Frühling hier oben ein prächtiges Farbenspiel. Die Luft ist so klar, daß selbst die klobigen Architekturen der Bauernhäuser transparent wirken. Die Tore stehen offen, Tische und Stühle werden in die Sonne gestellt: die ersten Osmizze haben geöffnet, erkennbar an frischen grünen Buschen vor dem Anwesen und den fröhlichen Menschen im Hof. Malvasia, Vitovska, Refosco und Terrano werden zu Prosciutto, Salame und Speck gereicht. Hier dürfen nur hausgemachte Produkte verkauft werden, was einerseits sehr sympathisch ist, andererseits aber ein gewisses Maß an Vertrauen voraussetzt.

Die Ortschaften sind dicht verbaut. Von einer zur anderen fährt man ein paar Kilometer durch den buschigen Wald, wähnt sich fernab jeglicher Zivilisation, quasi in der Wildnis. Doch im Frühjahr, nach dem ersten warmen Regen, kann man im Triestiner Karst ein interessantes Phänomen beobachten. Rechts und links am Rand der engen, kurvenreichen und von hüfthohen Steinmauern eingesäumte Straßen sind auffallend viele Autos achtlos und gemeingefährlich abgestellt.

Gut, meinte der Schauspieler, die Straßen seien miserabel. Aber eine derartige, geradezu epidemische Häufung von Autopannen sei ihm rätselhaft. Der Poet deutete nur wortlos auf die Macchia beidseits der Straße. Sein Freund sah genauer hin und sah viele Menschen im Dickicht kauern. Es war unwahrscheinlich, daß Dutzende Menschen gleichzeitig von einem dringenden Bedürfnis überfallen werden.

Das ganze Spektakel, hub der Poet an, habe schlichtweg kulinarische Ursachen: Das Volk sucht hier nach wildem Spargel, jenen dünnen, hoch aufgeschossenen Pflänzchen, die als Delikatesse gelten, aber heimtückischerweise immer nur unter dornigem Gestrüpp wachsen. Seit Jahren stehen die Gewächse unter strengstem Naturschutz, und es besteht ein generelles Sammelverbot, das sich aber offensichtlich schwer durchsetzen läßt.

Genaugenommen gibt es drei Sorten. Da ist zunächst der echte wilde Spargel, der leptosome Vetter der uns bekannten grünen Spezies. Daneben gibt es die sogenannten „bruscandoli“, die diesen auf den ersten Blick zum Verwechseln ähneln. Bei näherem Hinsehen aber entdeckt man, daß sie statt der geschlossenen Knospen an der Spitze entweder kleine Blätter oder Blüten tragen, je nachdem ob es sich um männliche oder weibliche Pflanzen handelt. Ihr Stiel ist kantig; der der einen glatt, der der anderen haarig. Eßbar und verboten seien alle miteinander.

Ungefähr so weit kam der Poet mit seinem Bericht, als ihn der Schauspieler mit der Bemerkung unterbrach, daß er nicht zum Naturgeschichte-Unterricht in den Karst gefahren sei, sondern um anständig zu essen. Wo könne man wilden Spargel verkosten? Das war eine schwierige Frage, weil die beiden selbst nicht gewillt waren, sich den Dornen und Skorpionen auszusetzen, die es hier reichlich gibt. Offiziell ist dieses Gemüse weder auf dem Markt noch in den Osterie – die hier bereits Gostilnja heißen – zu bekommen. Schließlich fanden sie doch in Rupinpiccolo eine altehrwürdige Wirtschaft, wo sich die Wirtin ihrer erbarmte. Als Vorspeise gab es ein Stück „Frittata", dann eine cremige, im Wasserbad gerührte Eierspeise und schließlich ein Risotto, jeweils mit „Asparagi selvatici". Sie schmecken fein nach Frühling, dabei leicht bitter und sind angeblich äußerst gesund für Nieren und Harnwege.

Die Zubereitung ist relativ einfach: Man wäscht die Pflänzchen gründlich, um sie von Erde zu befreien. Von der Spitze weg werden sie in kleine Stücke gebrochen, soweit ihr Stamm nicht holzig ist. Anschließend kocht man sie zehn, fünfzehn Minuten in Salzwasser, dem manche einen Schuß besten Weinessig beifügen. Dann gießt man sie in einem Sieb ab und verwendet sie je nach Rezept.

Es hatte den Reisenden vorzüglich geschmeckt. Die Wirtin war zufrieden. Als sie abservierte, fragten die beiden die Frau, ob sie selbst die Spargel gesucht habe. Das wies sie entrüstet von sich. Das sei doch verboten. Ein Gast habe sie ihr gebracht. Der sei immerhin Maresciallo bei der „Guardia Forestale", also Offizier bei der staatlichen Forstpolizei, und habe sie an seinem freien Tag gesammelt.

„Wahrscheinlich hat er sie konfisziert", sagte der Schauspieler, als die Wirtin weg war. Der Poet nickte und trank auf die vorbildliche Dienstauffassung des braven Beamten.

Von Mönchsbärten und gewürgten Pfarrern

Zur selben Jahreszeit findet man in der feuchten Erde der Pianura längs des Isonzo Vipaco oder Judrio eine äußerst interessante und eßbare Pflanze: die „Barba dei Frati", also die Bärte der Mönche. Die sehen aus wie feister dunkelgrüner Schnittlauch und wachsen in dichten Büscheln in seichtem Wasser im Schlamm. Man sticht sie samt den Wurzeln, denn wenn man sie nur abschneidet, verwelken sie in kürzester Zeit. Selbst um sie nur für ein paar Stunden zu konservieren, müssen ihre Wurzeln in feuchtes Papier oder Stoff eingeschlagen werden. Sie gründlich von Sand und Erde zu reinigen stellt eine Geduldsprobe dar. Dies darf auch erst unmittelbar vor ihrer Zubereitung geschehen. Die runden Halme werden von den Wurzeln geschnitten und kurz in Salzwasser blanchiert. Was nicht sofort verwendet wird, muß man unter feinstem Olivenöl konservieren.

Man kann die Mönchsbärte zu Antipasti servieren. Am besten sind sie allerdings, wenn sie zusammen mit gewürgten Pfarrern und in Fasern gerissenen Pferden in Käsesauce zubereitet werden. Zur Erklärung: Es gibt Teigwaren, die „Strozzapreti" heißen, also gewürgte Pfarrer. Diese sind wenige Zentimeter lang und eingedreht. Sie erinnern ein wenig an eine verdrehte Halskrause von Hochwürden. Das zerfetzte Pferd ist luftgetrockneter Pferdeschinken, der in feine Fasern gehobelt wurde und „Sfilacci di cavallo" heißt, ein mageres Fleisch, das sich übrigens auch, lediglich kondiert mit Zitrone, Pfeffer und Olivenöl, auf Rucola als Antipasto hervorragend macht.

STROZZAPRETI CON SFILACCI DI CAVALLO E BARBA DEI FRATI

Die Nudeln sollten frisch sein und werden nur kurz gekocht. Vorbereitet hat man eine cremige Käsesauce aus Butter, Olivenöl, Caprino oder Asino, Dolcelatte und ein wenig geriebenem Montasio. In dieser schwenkt man die Pasta und die blanchierten Mönchsbärte, richtet die Sache portionsweise auf Tellern an, streut das gehobelte Pferdefleisch darüber und würzt mit etwas schwarzem Pfeffer nach Geschmack.

Das war einmal ein einfaches Gericht für arme Leute. Die Nudeln waren hausgemacht, das Gemüse selbst gesucht, der Käse vom Nachbarn, und das Fleisch stammte von einem Arbeitsgerät, das seinen Geist aufgegeben hatte. Heute ist dies ein absolutes Luxusprodukt, das sich äußerst selten auf einer Speisekarte findet, sondern meist nur mündlich empfohlen wird. Die „Sfilacci" werden heutzutage offenbar aus englischen Turnierpferden hergestellt, denn sie sind teurer als Parma-Schinken. Die erwürgten Pfarrer findet man nur in Delikatessenläden, und kaum jemand geht noch Mönchsbärte suchen, weil nur noch wenige wissen, wie die überhaupt aussehen und wo sie wachsen.

Paukenschlägel, schmutzige Eier und Trüffel

„Andar per i funghi“, sagen die Triestiner, wenn sie Schwammerl suchen gehen. Abhängig von Witterungseinflüssen ist dies manchmal schon im Juni möglich, manchmal bis in den November hinein. Die Wälder der Gegend entsprechen zwar überhaupt nicht dem, was ein alpiner Österreicher unter diesem Begriff versteht. Oft sind die Bäume eher Büsche, was auf die dünne Humusschicht im Karst zurückzuführen ist. Meist hat man auch nicht das Gefühl, daß sich in den letzten Jahrzehnten irgendwer um die Pflege der Landschaft gekümmert hätte. Von den Colli Orientali bei Cividale bis in die Gegend von Dolegna findet man ausgedehnte Edelkastanienwälder, die der Maroni wegen bei Mensch und Wildschwein gleichermaßen beliebt sind, aber auch den Schwammerlsucher erfreuen. Im Triestiner Karst bei Basovizza, längs der Grenze zu Slowenien und weit über diese hinaus bestimmen mächtige Föhren und Eichen das Bild. Das ist die Heimat der Edelpilze. Aber auch die Macchia birgt kulinarische Köstlichkeiten.

Die Parasole heißen hier „mazzatamburi“, also Paukenschlägel, weil sie, wenn sie jung und noch nicht aufgeschirmt sind – und nur so werden sie hier gesammelt –, wie solche aussehen. Sie werden einfach kurz gebraten, kommen meist nicht auf die Speisekarte, weil sie nicht als eigenständiges Gericht, sondern nur als Imbiß gelten. Die Hüte der ausgewachsenen Steinpilze werden ebenfalls „alla piastra“ gegrillt, die jungen werden roh als Salat verzehrt oder in Öl eingelegt.

FUNGHI SOTT'OLIO

Junge, wurmfreie Pilze werden geputzt und, wenn nötig, in Stücke geschnitten. Dann kocht man sie in folgendem Sud: Zwei Drittel Wasser und ein Drittel heller Weinessig werden mit Salz, ganzen Pfefferkörnern, Wacholder, Lorbeer, Knoblauch, Schalotten und Peperoncini – je nach

Geschmack – aufs Feuer gesetzt. Die Pilze sollen darin gut eine Viertelstunde köcheln. Dann seiht man sie ab, füllt sie heiß in sterilisierte Gläser, bedeckt sie mit feinstem Olivenöl und verschließt sie hermetisch. So halten sie an einem kühlen, dunklen Ort bis zu drei Monate lang.

Eines Tages im Herbst kamen die beiden Freunde nach Dolegna, hatten bei den Geschwistern Clara und Stefano Bernardis Wein verkostet und waren auf der Suche nach einem einfachen Lokal, um ihren Hunger zu stillen. Sie dachten an „Tagliatelle ai funghi" oder ein ähnliches Gericht und fanden abseits der Hauptstraße eine kleine Trattoria direkt an der Grenze zu Slowenien. Während sie noch beim Aperitivo saßen, betrat eine alte Frau das Lokal, der man sofort ansah, daß sie kein Gast war. Sie trug so unauffällig, daß alle hinsahen, einen großen Korb voller Pilze in die Küche.

Zwischen Steinpilzen und anderen Schwämmen stachen ein paar merkwürdige Exemplare ins Auge. Sie sahen aus wie orange Fliegenpilze. Neben ihnen türmten sich kleine, schmutzige weiße Eier, die ein Laie für junge Knollenblätterpilze gehalten hätte. Sollte hier in dieser Spelunke jemand gezielt vergiftet werden, oder lag es nur daran, daß die Alte sich in der Botanik nicht auskannte?

Der Schauspieler und der Poet waren sich nicht mehr sicher, ob sie ausgerechnet hier Pilze essen sollten. Wie man die „Funghi moscari" hier zubereite, wollte der Poet von der Tochter des Hauses wissen. Die Junge lachte, daß ihr die Tränen aus den Augen schossen. Ja, sagte sie, nachdem sie sich halbwegs erholt hatte, die kleinen werden als Salat gegessen, die größeren gegrillt. Dann holte sie, noch immer lachend, ihren Bruder, den Koch. Der grinste, trug in der einen Hand eines dieser schmutzigen Eier sowie ein prächtiges Exemplar der verdächtigen Sorte, in der anderen hielt er ein stattliches Messer. Er setzte sich zu ihnen.

Ovoli seien das, erklärte er, besser als jeder Steinpilz. Er begann das Ei zu schälen. Darunter kam ein draller kleiner orangegelber Pilz zum Vorschein, den er wie einen Apfel in Stücke schnitt und den Gästen zum Kosten anbot. Noch zögerten sie; da sich aber der Koch das bei weitem größte Stück in den Mund schob, faßten sie Mut. Das Fleisch des Pilzes war keineswegs schwammig, sondern weiß und fest wie ein junger Champignon. Aber welch ein feiner Geschmack! Wald war dabei, frisches Moos und ein bißchen Nuß. Einfach sensationell. Es war der erste „Kaiserling" ihres Lebens.

Kurze Zeit darauf stand vor jedem der beiden ein Teller mit feingeschnittenen Pilzen, darüber dünn gehobelter Caprino und zartgrünes Olivenöl. Sie aßen mit Andacht. Wenig später probierten sie noch zwei, drei auf Rebholz im Ganzen gegrillte Hüte ausgewachsener Exemplare. Auch diese schmeckten kaiserlich.

Um das Glück vollzumachen, meinte der Schauspieler ein wenig frivol, fehlten ihnen jetzt eigentlich nur noch Trüffel.

Morgen, sagte die Tochter des Hauses im Vorübergehen, morgen gebe es wahrscheinlich die ersten „tartuffi".

Natürlich kamen die beiden Freunde am nächsten Tag wieder. Diesmal brachte ein alter Mann in ein altes Taschentuch eingebunden zwei Handvoll schwarzer Trüffel aus Istrien, stopfte das Honorar, ohne nachzuzählen, in die Hosentasche, trank eine Grappa und entfernte sich wort- und grußlos.

Nun waren sie neugierig. Trüffel aus Istrien! Kaum ein Thema entzweit die Feinschmecker mehr als dieses. Mancher Gourmetpapst schmäht sie gar als minderwertige Gewächse. Das ist Chuzpe. Man kann auch nicht Picolit mit Sauternes vergleichen. Denn es sind Natur und Klima, welche die Eigenarten der jeweiligen Produkte prägen. So haben auch die schwarzen Knollen aus den slowenischen Eichenwäldern ihren spezifischen Geschmack. Sie mögen zwar nicht so intensiv sein wie die aus dem Piemont oder Perigord, dafür erlaubt ihr

Preis aber einen im Verhältnis geradezu exzessiven Gebrauch. Die einfachste Form der Zubereitung ist folgende:

UOVA STRAPAZZATE AI TARTUFFI

Man bereitet Rührei zu. Selbstverständlich dürfen die Eier dafür nicht in der Pfanne gebraten werden. Es empfiehlt sich, sie nach klassischer Manier mit Butter im Wasserbad – auf italienisch „bagnomaria" – locker aufzuschlagen, auf knusprig getoastete Brotstücke zu verteilen und reichlich Trüffel darüber zu hobeln. Diese „bruschette" eignen sich als Antipasto, Zwischengericht oder Jause.

Der Schauspieler und der Poet aber beschlossen, sich damit satt zu essen, tranken dazu einen leichten Cabernet aus der Gegend und pfiffen auf Perigord und Bordeaux.

Ob er Trüffel kaufen könne, wollte der Schauspieler vom Wirt wissen. Dieser schüttelte bedauernd den Kopf, schenkte ihnen aber ein paar. Nun geriet jener in Panik, daß diese Köstlichkeiten auf dem Transportweg verderben könnten. Der Poet – der sich auch als Pfarrersköchin einen Namen gemacht hat – beruhigte.

Trüffel kann man einfach konservieren. Entweder vergräbt man sie in feinem, nicht zu trockenem Sand – wie man übrigens auch mancherorts mit der Salame verfährt –, oder man legt sie in Reis, der ihren Geruch und Geschmack annimmt und sich dann bestens für Risotto eignet. Oder aber – und das ist vielleicht die effizienteste Methode – man schneidet die Trüffel fein, vermischt sie mit Butter und friert diese portionsweise ein. Damit lassen sich alle typischen Gerichte zubereiten, egal ob das oben beschriebene oder Nudeln, Risotti und auch Saucen.

Kleines Panorama

Ihren Verdauungsspaziergang unternahmen sie im nahen Dorf Ruttars. Oben am Gipfel thront eine erst vor wenigen Jahren renovierte Kirche aus dem 17. Jahrhundert neben dem ausladenden ehemaligen Pfarrhof. Dahinter gruppieren sich mehrere steinerne Gebäude um die Reste eines Turms, die erkennen lassen, daß sich hier eine Burg befunden hat. Im Borgo befindet sich auch eine Trattoria namens „Alla Torre Antica".

Bemerkenswert ist vor allem der Ausblick auf das Land. Man sieht die Ausläufer der Colli Orientali, die Weinberge von Rocca Bernarda und Rosazzo, Spessa und Prepotto, wo einige der bedeutendsten Weingüter der Region zu finden sind, so zum Beispiel große Namen wie „Due Terre", „La Viarte", Zamò e Zamò, Collavini, Filiputti und viele mehr, die allesamt eine profunde Verkostung wert sind. Dazwischen gibt es aber auch jede Menge kleine Familienbetriebe, die hervorragende Weine zu erschwinglichen Preisen keltern. Sie gilt es zu erfragen und zu entdecken. Aber auch die andere Seite der Grenze, die ein paar hundert Meter hinter Ruttars verläuft, sollte dem Weinkenner die eine oder andere Irrfahrt wert sein, etwa um zu erforschen, welche Wunder manche Winzer in Dobrovo oder Smartno (S. Martino del Collio) mittlerweile vollbringen. In den Goriska Brda, also den Görzer Bergen, werden die autochthonen Rebsorten gepflegt, wie etwa Ribolla Gialla, die auf slowenisch Rebula heißt. Denn hier, westlich des Isonzo, beginnt das Collio, das nicht, wie viele irrtümlich annahmen, eine italienische Angelegenheit ist, sondern immer Grenzland war.

Noch eine andere alte Grenze sieht man von hier aus bestens: den Judrio, einen Fluß, der oben am Fuße des Kolovrat entspringt, in Mäandern Richtung Süden fließt, sich mit dem Natissone und dem Torrente Torre vereinigt, um in den Isonzo zu münden. Das Land westlich davon gehörte zu Venedig, jenes im Osten zu Österreich. Nur für ein gutes halbes Jahrhundert herrschten die Habsburger auch über den venezianischen Teil von Friaul. Was durch den Wiener Kongreß errungen ward, ging im Krieg von 1866 wieder verloren. Daran erinnert in Sant'Andrat di Judrio eine sympathische Trattoria namens „All'Armistizio“, also „Zum Waffenstillstand“. Feldmarschall Radetzky soll diesen hier am 2. August 1866 unterzeichnet haben. Daran erinnert kein Denkmal, sondern – wie könnte es im Friaul anders sein – eine große, bemalte Schüssel aus Keramik an der Wand der Gaststube, aus welcher der Feldherr angeblich gemeinsam mit der italienischen Delegation Nudeln gegessen haben soll, nachdem sie miteinander den Frieden besiegelt hatten. Irritierend an der ganzen Geschichte ist nur, daß Radetzky zu diesem Zeitpunkt bereits seit sechs Jahren nicht mehr unter den Lebenden weilte. Vielleicht war er auch schon viel früher hier, zu den napoleonischen Kriegen, und hat einen anderen Waffenstillstand unterzeichnet, einen von den vielen, die nie lange gehalten haben in diesem Landstrich, der erst vor kurzem mit dem Beitritt Sloweniens zur Europäischen Union zu einem Frieden gefunden hat, der hoffentlich auch die Zukunft bestimmt.

Der Schauspieler blickte zufrieden ins Land hinaus, wo sich ein prächtiger Sonnenuntergang ankündigte.

Sie wollten doch, sagte er, auch noch „Tagliolini con tartuffi“ probieren.

Morgen, sagte der Poet und deutete mit dem Daumen hinter sich, jenseits der Grenze.

Also doch: Es gibt noch Grenzen – auch in der Sättigung.

Leben in der Lagune

Die Insel Grado

Grado ist besser als sein Ruf. Natürlich sollte man die Stadt in der Lagune während der Badesaison meiden. Im Juli und August riecht es selbst noch in der Basilika Santa Eufemia nach Sonnenöl, während bis in die Nacht hinein Tausende deutsch sprechende, hummerrote Exemplare des Homo sapiens die engen Gassen bevölkern. Davor und danach aber wandelt man durch ein beschauliches Fischerstädtchen, dessen Kern sich seit dem Mittelalter kaum verändert hat.

Über Jahrhunderte war Grado eine Insel. Noch bis Anfang des 20. Jahrhunderts gab es nur drei Möglichkeiten, hierherzukommen. Die alte Straße von Triest über Fossalon war eher ein Karrenweg auf Knüppeldämmen durch Sumpf und Schilf und diente vorrangig militärischen Zwecken oder dem bäuerlichen Nahverkehr. Als Verkehrsweg in der heutigen Form wurde sie erst in den fünfziger Jahren vollendet. Die ersten Touristen des Fin de siècle reisten mit der Eisenbahn über Cervignano und Aquileia bis nach Belvedere am nördlichen Ufer der Lagune, wurden von dort samt Gepäck mit dem Boot nach Grado übergesetzt und von barfüßigen Kindern in die wenigen Hotels geführt. Ein alter Führer von 1914 vermerkt die Anreisezeiten: von Wien 13 Stunden, von Salzburg 11, von Klagenfurt 6, von Czernovitz 30 und von Berlin 25 Stunden.

Die Brücke, über die heute der Verkehr rollt oder sich dort staut, wurde erst von den Österreichern kurz vor dem Ersten Weltkrieg begonnen und in der Ära Mussolini vollendet. Die meisten Besucher aber kamen damals mit dem Linienschiff von Triest, das zweimal täglich verkehrte. Erst seit wenigen Jahren gibt es diese Verbindung wieder. Sie ist ein lohnendes kleines Abenteuer, egal ob man als Urlauber von Grado aus für einen Tag in die große Stadt will oder von dort aus für ein paar Stunden an den Strand fährt.

Die jahrhundertelange Isolation der Gradesen war freiwillig und unfreiwillig zugleich. In den Wirren der Völkerwanderung, während der Einfälle der Hunnen, Awaren und später der Langobarden retteten sich immer wieder die Bewohner des Patriarchats von Aquileia in die Sümpfe, suchten nach einem sicheren Ort und fanden schließlich Zuflucht auf einer dieser kleinen Inseln. Das Baumaterial nahmen sie gleich mit. So findet man noch heute in den Fundamenten der alten Häuser und erst recht in den Mauern der Kirchen Steine und Ziegel römischen Ursprungs. Auch die Säulen der Basilika Santa Maria stammen, ebenso wie ihre Kapitelle, allesamt aus den heidnischen römischen Tempeln vom Festland. Wer genauer hinsieht, entdeckt, daß keine der anderen gleicht.

Wo sich heute die Lagune erstreckt, war zur Römerzeit großteils noch Festland. Die damalige Lagune und ihre Inseln lagen südlich des heutigen Strands. Doch Überschwemmungen und die mangelnde Wartung der Kanäle und Schleusen nach dem Zusammenbruch des Römischen Reichs setzten den meerseitigen Teil „Land unter“ und fluteten weite Teile der „terra ferma“. Manche der heutigen Inseln wie etwa Morgo liegen unter dem Meeresspiegel und werden nur von Dämmen geschützt.

Zur selben Zeit wie Grado entstand aus gleichen Motiven und unter ähnlichen Bedingungen Venedig; zuerst auf Torcello, dann, erst viel später, dort, wo es heute steht. Weshalb aus der einen Ansiedlung eine Handelsmetropole und Weltmacht wurde, während die andere – kaum fünfzig Seemeilen entfernt – ein Fischerdorf blieb, wird kein Historiker jemals klären können. Sicher ist aber, daß sich durch die Isolation in Grado eine eigenständige, gänzlich unfeudale Kultur erhalten hat und kein Palazzo den Blick auf die alten, gemauerten

Fischerhäuser mit ihrem typischen „balaor“ verstellt. Dieser bezeichnet den Stiegenaufgang und die Balustrade im ersten Stockwerk, von denen aus man die Wohnräume erreichte. Im Erdgeschoß – dort, wo sich heute schicke Boutiquen und Enoteken aneinanderreihen – waren Magazine und Keller. Es verging kein Jahr ohne Überschwemmungen, bis im 19. Jahrhundert Dämme errichtet wurden, auf deren Fundamenten heute die Strandpromenade verläuft, die im übrigen eine der häßlichsten Betonmeilen „lungo mare“ darstellt, die man sich vorstellen kann. Die Faszination Grados besteht aber ohnehin weniger in seiner Funktion als Badeort für das Wiener Bürgertum und den südgermanischen Mittelstand, sondern vielmehr darin, daß Leben und Kultur der Lagunenfischer sich seit Jahrhunderten kaum verändert haben. Das tägliche Leben spielt sich nach wie vor draußen ab, auf dem Wasser, auf den Inseln, in den „casone“, den schilfgedeckten Fischerhütten, wo die Fischer seinerzeit die Woche verbrachten – selten mit Familie – und nur am Samstag rechtzeitig zum Fischmarkt samt ihrer Beute in die Stadt zurückkehrten. Der Sonntag aber gehörte ihnen, den Kindern, den Freunden.

Zu Wasser und zu Lande

Der Poet und der Schauspieler kommen seit Jahren hierher. Und ebensolange richten sie begehrlich ihre Blicke auf die Lagune, diese Urlandschaft, die sich von Grado aus über Marano bis nach Lignano erstreckt, die an Hemingway, den Entenjäger, und an die Partisanen denken läßt, die sich hier verbargen. Auch Pier Paolo Pasolini besaß drüben bei Porto Buso ein „casone“ samt Insel. Das alles wollten die beiden Freunde aus der Nähe sehen. Und so fuhren sie auf einem der touristischen Rundfahrtschiffe mit, welche zwei-, dreimal am Tag und einmal am Abend ihre Runden drehen. Die Reklame hatte ein einmaliges Erlebnis versprochen. Das sollte es auch werden. Es herrschten Gedränge, Hektik und Routine. Der Wein an Bord war dünn und wurde in Plastikbechern gereicht; die „typische Fischerjause" bestand aus vorgefertigten, tiefgefrorenen Scampi und Calamari, welche vermutlich in der Mikrowelle erwärmt worden waren. Dazu gab es Brot, das vielleicht vom Hotelfrühstück übriggeblieben war. Der versprochene Besuch auf einer Insel dauerte wenig länger als die Zigarettenpause des Capitano. Enttäuscht kehrten sie an Land zurück und waren vom Ehrgeiz getrieben, die Lagune nun tatsächlich kennenzulernen.

In einer Kneipe direkt an der Ecke beim alten Fischerhafen nahmen sie eine Stärkung zu sich. Der Schauspieler kniete vor einem Berg frisch gegrillter „seppioline" – kein Exemplar länger als ein kleiner Finger – mit reichlich Knoblauch und Petersilie. Dann ließ er sich einen Teller „canocchie" kommen, gekocht und mit Zitrone und Olivenöl mariniert. „Canocchie" sehen aus wie bleiche Vettern der Scampi und tragen auf der Schwanzflosse ein zweites Paar unechter Augen, damit sie auch von hinten furchterregend ausschauen und feige Angreifer abschrecken. Sie heißen auf deutsch Heuschreckenkrebse und im italienischen Dialekt „cicale di mare", nicht etwa, weil sie singen und springen können, sondern weil ihnen ihre Vorderbeine bei der Jagd nach Beute – bevorzugt Schnecken – am Sandstrand eine Geschwindigkeit von bis zu 23 Meter in der Sekunde, also über 80 km/h, erlauben. In der kalten Jahreszeit sind sie leichter zu fangen, weil sie sich im Sand vergraben. Auch Kinder stellen gerne diesen Tieren nach und bringen sie stolz nach Hause, wo diese zur großen Freude der Mütter bis zum Abendessen oder ihrem natürlichen Ableben die Zeit in der Badewanne verbringen dürfen. Auf den Fischmärkten kommen die Tiere lebendig zum Verkauf und sind wesentlich billiger als Scampi, stehen diesen aber an Wohlgeschmack kaum nach. Man ißt sie bevorzugt als Antipasto wie oben beschrieben, aber auch als Hauptgericht gefüllt und im Rohr gratiniert oder mit würziger Tomatensauce.

Der Schauspieler begab sich nochmals zu der mit Meeresgetier gut bestückten Vitrine. Dort traf er den Poeten, der sich nun schon zum dritten Mal einen Löffel von einem merkwürdigen weißen Püree auf einen Teller geben ließ, dazu ein paar Scheiben knuspriges Brot. Es handelte sich um ein Leibgericht des Dünnen: „Baccalà mantecato", also Stockfisch-Creme. Der Name kommt vom spanischen Wort für Butter: „manteca". Einst ein Essen für arme Leute, zählt dieses Gericht heute zu den kostspieligen Delikatessen.

BACCALÀ MANTECATO

Stockfisch wird mit einem Holzhammer oder dem Griff eines schweren Messers weich geklopft und anschließend – je nach seinem Salzgehalt – ein bis zwei Tage in kaltem Wasser eingeweicht, wobei man das Wasser wiederholt wechselt. Dann wird er mit einem Tuch getrocknet, enthäutet und in kleine Stücke zerpflückt, wobei darauf zu achten ist, daß man das Fleisch penibel von allen Gräten befreit. Für den nächsten Arbeitsgang gibt es zwei Theorien. Die eine besagt, die Fischstücke müßten in Wasser oder Milch circa eine Stunde gedämpft werden; zufolge der anderen wird der „rohe" Fisch verwendet, da er ohnehin gepökelt und luftgetrocknet ist. Wie auch immer. Man gibt das Fleisch in eine Schüssel – am besten aus Porzellan oder Steingut – und fängt an, es mit dem Rücken eines hölzernen Kochlöffels zu bearbeiten. Nach und nach träufelt man Olivenöl hinzu und fährt mit diesen Tätigkeiten fort, bis eine homogene weiße Masse entsteht, welche mit frischgemahlenem schwarzem Pfeffer, feinst gehackter Petersilie und eventuell mit feinem Meeressalz gewürzt wird. Das braucht viel Zeit, Kraft sowie Geduld, lohnt aber die Mühe.

Der Schauspieler kostete vom Teller des Poeten und befand, daß die Angelegenheit für seinen Geschmack zu fett sei. Als er aber das Rezept erfuhr und erkannte, daß es sich um reine mediterrane Schonkost handelt, aß er den Teller seines Freundes leer.

Als sie nun so saßen, aßen und tranken, rätselten sie, wer sie auf die dem Tourismus abgewandte Seite der Lagune bringen könnte. Da kam ihnen der Zufall zu Hilfe. Xaver betrat zufällig das Lokal, ein alter Freund des Schauspielers, ein Regisseur, der hier schon einige Filme gedreht hatte und in der Altstadt von Grado seinen zweiten Wohnsitz aufgeschlagen hat.

Zuerst feierte man ausgiebig das Wiedersehen. Dann trugen ihm der Schauspieler und der Poet ihre Probleme mit der christlichen Seefahrt in der Lagune vor. Sofort rief Xaver seine Gradeser Freunde herbei. Zwei Brüder, Giuliano und Dario, machten sich erbötig, ihnen zu helfen, Fischer der eine, Besitzer eines Motorboot-Taxis der andere. Sie würden ihnen zeigen, was der Binnenländer sonst nie zu sehen bekommt.

Auf seichter See

Anderntags fuhren sie quer durch die Lagune und wollten eigentlich bis Porto Buso. Aber so weit kamen sie nicht. Sie tuckerten vorbei an San Pietro, auf dem Canale di Natisone nordwärts – wo einst die römischen Handels- und Kriegsschiffe von und nach Aquileia verkehrten – und bogen dann westwärts in den Taglio Nuovo ein. Hier beginnt die Welt der Fischer, hier waren die beiden Gradeser Brüder zuhause.

Dario erzählte, wie man hier Meeresgetier fängt. Manche Methode hat sich seit der Römerzeit nicht geändert. So baut man etwa niedrige, einfache Reusen aus geflochtenen Weidenzweigen, die an kleine alpine Zäune erinnern. Die jungen Fischer scheuen diese Mühe und basteln ihre Gehege mit feinmaschigen Netzen aus Draht oder Plastik. Das Prinzip ist ebenso einfach wie effektiv. Bei Ebbe ragen diese Gebilde aus dem Sand des Schwemmlands. Bei Flut werden sie bis zu einem Meter hoch überspült. Mit dem Wasser und der heftigen Strömung landeinwärts kommt auch allerlei Meeresgetier angeschwommen, welches flache, küstennahe Gewässer bevorzugt, wo es reichlich Nahrung findet. Allen voran erscheinen hier die Pflanzenfresser, die sich an Algen und Sumpfpflanzen delektieren. Natürlich folgen diesen unbarmherzig die fleischfressenden Räuber. Ein Beispiel: Die winzigen „laterini", auch „girai" oder frisch geschlüpfte „volpine" naschen begeistert, was die Flüsse und Kanäle so alles in die Lagune schwemmen. Sehr zur Freude der Sardinen, die sich an ihren kleinen Artverwandten gütlich tun, wobei sie übersehen, daß bereits ein hungriger Calamaro seine dunklen Augen auf sie geworfen hat. Diesen wiederum folgen die großen Raubfische wie etwa der Branzino. Sie wagen sich alle bei Flut in die Küstengewässer vor und finden hier eine reich gedeckte Tafel. Der Hunger läßt sie vergessen, daß sie selbst bereits Beute sind.

Dario zeigte den beiden Reisenden eine derartige, wohl hektargroße Reuse, in der außer Sand, Schlamm, ein paar Tümpeln mit Brackwasser und Seegras nichts zu sehen war. Dann landeten sie auf einer der Inseln und wurden von einem Fischer in seinem Casone herzlich empfangen. Zum Wein gab es geröstete Brotschnitten mit Sardellen, welche Schwiegermutter und Tante in Öl eingelegt hatten. Eine Köstlichkeit, die mit dem, was einem sonst in Delikatessenläden und Supermärkten, in Glas und Blech gepreßt, angeboten wird, nicht das geringste zu tun hat. Da für einen Fischer Fisch etwa Gewöhnliches ist, tischte er anschließend eine sorgsam gehütete Wurst aus Lamm- und Rindfleisch auf, gut gewürzt und leicht geräuchert, die ihm sein Schwager aus Carnia verehrt hatte. Sie saßen lange, aßen, tranken, hörten alte Geschichten und blickten auf die Lagune hinaus.

Das Wasser kam hoch, schlürfte den Sand entlang. Als sie Stunden später zurückfuhren, war es wieder am Verebben, spie das Treibgut an Land und wurde ruhig. In der Reuse aber stand es noch kniehoch und schien zu kochen. Tausende Fischleiber glitzerten und glänzten in der Abendsonne, zappelten, sprangen, wälzten sich. Es war ein Spektakel. Der Poet philosophierte über den Menschen als Jäger und Sammler, während der Schauspieler den Speiseplan für die kommende Woche festlegte.

Aus dem Kanal tauchten die ersten Fischerboote auf. Man ging an die Ernte. Mit Keschern und Netzen, mitunter auch mit bloßen Händen wird die Beute an Bord gehievt und sofort, noch lebendig, in Bottiche oder schwimmbare Käfige sortiert. Sardinen, Seezungen, Scampi, Canocchie, Krebse und dazwischen ein Aal traten ihren letzten Weg in die Küchen des Friaul und angrenzender Gebiete an.

Besonders reich ist die Beute im Frühjahr, bei ruhigem Meer, vor allem in klaren Mondnächten, wenn Zigtausende Fische aus den Tiefen der Adria zum Laichen hierher in das bereits von der Sonne erwärmte flache Wasser der Lagune kommen und sich an den Ufern ihrer Milliarden Eier entledigen, natürlich wieder verfolgt von gierigem räuberischem Meeresgetier. Das ist auch die Zeit, wo der „granchio comune", der gemeine Krebs, seinen Panzer abwirft und für ein paar Stunden quasi nackt herumläuft, bis ihm ein neuer wächst. In diesem Zustand heißt er zwischen Grado und Triest „moleca" und riskiert sein Leben, weil die Menschen, schlimmer als jeder Haifisch, dieser Delikatesse nachstellen.

MOLECHE

Die Strandkrabben, die sich eben gehäutet haben, fängt man mit Netzen oder der bloßen Hand und bringt sie in die nächstgelegene Küche. Dort werden in einer großen Schüssel so viele Eier wie nötig verquirlt, um den

Tieren ein nahrhaftes Bad zu bereiten. Man setzt eins nach dem anderen hinein, wo sie herumkrabbeln – kommt eigentlich das Wort „krabbeln" von Krabbe oder umgekehrt? – und sich sofort an diesem flüssigen Omelett gütlich tun. Da sie nicht ahnen, daß es sich um ihre Henkersmahlzeit handelt, entwickeln sie gewaltigen Appetit. Nun verschließt man die Schüssel mit einem schweren Deckel und läßt die „moleche" über Nacht ungestört. Manche Köche fügen dem Ei Grand Marnier hinzu, was aber ein Akt der Barbarei ist.

Anderntags bringt man in einem tiefen Topf bestes Olivenöl zum Sieden und legt mit dem Schaumlöffel eine Krabbe nach der anderen hinein, bis sie goldbraun und ihre Beine knusprig sind, fischt sie heraus, tropft sie ab, salzt sie leicht mit feinem Meeressalz und serviert sie mit frischer Petersilie und Zitronenscheiben. Der vornehme Gast ißt sie artig mit Messer und Gabel; der Fischer belegt damit ein Brötchen, das er ungeniert mit der Hand zum Munde führt.

Der Schauspieler entsetzte sich ob der Barbarei des Rezeptes und fragte, weshalb denn die Tierschützer derlei nicht verbieten lassen. Erstens, entgegnete der Poet, sei man in Italien, wo man den Begriff Tierschutz kaum kenne; zweitens sei es um nichts weniger christlich, als ein äsendes Reh abzuknallen; und schließlich habe er schon mit einem Freund, der für den WWF arbeite, „moleche" gegessen, welche dieser ihm sogar aus ökologischen Gründen nachdrücklich empfohlen habe. Denn die Strandkrabben können zeitweise zu einer echten Landplage werden, welche Fischlaich und frisch geschlüpfte Meerestiere massenhaft vertilgen. Und schließlich, ergänzte Giuliano, der Fischer, sei dieses Getier, solange es einen Panzer trage, höchstens für Suppen gut, wobei die Fleischausbeute gering und das Auslösen mittels einer Art Häkelnadel eine mühsame Arbeit sei, die er nicht einmal seiner unverheirateten und arbeitslosen Tante zumuten würde.

Da nickte der Schauspieler verständnisvoll und beschloß, bei Gelegenheit auch dieses Gericht zu verkosten. Selbstverständlich nur aus ökologischen Gründen. Und wenn, dann ohne Besteck.

Sie fuhren zurück durch die Abenddämmerung. Das Wasser reflektierte das letzte Tageslicht, schimmerte einmal grün, einmal blau, war plötzlich meerwärts wie hingegossenes Silber und gegen das Festland hin violett. Es war so romantisch, daß beide zum Handy griffen, um ihre Freundinnen anzurufen. Aber die Verbindung war schlecht, und Dario gab Gas, sodaß man sich nur schreiend verständigen konnte. Romantik läßt sich nicht schreien.

Die Lichter von Grado tauchten auf; ihre Spiegelungen tanzten wie Elmsfeuer auf den kurzen Wellen der Lagune. Dazwischen blinkten die grünen und roten Positionslichter. Es sah aus wie ein Aquarell von Turner. Leichter Wind kam auf, der die salzhaltige Luft ins Landesinnere trägt und dort die Rebstöcke würzt wie in kaum einer anderen Gegend der Welt. Frühmorgens wird er zurückkehren, erdschwer, frisch und voll der Düfte der „terra ferma“.

Sie landeten im alten Hafen an und begaben sich nochmals in das Lokal, wo sie einander begegnet waren. Während im übervollen Speisesaal die Kellnerinnen Teller mit Nudeln, Platten mit gegrilltem oder fritiertem Fisch und Krustentieren zwischen den Tischen und den am Boden krabbelnden Kindern der Touristen balancierten und der Ober zum wievielten Mal in seinem Leben erklären mußte, daß es im Friaul keinen Chianti gibt, stellten sich Giuliano, Dario, der Schauspieler und der Poet an die Bar nebenan zu den Fischern, welche den Feierabend eintranken, in Gummistiefeln, blauen Jacken und schlammgrauen Hosen. Hier wurde gelacht, über Fußball diskutiert, der heutige Fang und das morgige Wetter analysiert. Die Preise für Vongole waren stabil, aber die für Canocchie waren im Keller. Der heutige Erlös reichte trotzdem aus, um noch einen Liter Wein mit Freunden zu trinken. Und noch einen. Dieses Maß an vergorenem Traubensaft heißt bei den Alten immer noch „un metro", während die Gleichaltrigen im Karst von einem „chillo" sprechen.

Ein einfacher Abend

Die beiden Freunde beschlossen, den Tag bei einem Wirt am Rande der Altstadt zu verbringen, der den Spitznamen „Che" hat, was die Frage nach seiner politischen Heimat erübrigt. Da in absehbarer Zeit keine Revolution zu erwarten war, hat er ein Lokal gepachtet. Seine Frau kocht gut, und er – mit einem Bart, um den Nietzsche ihn beneidet hätte – unterhält die Gäste. Es gibt natürlich – außer für Touristen – keine Speisekarte. Die Freunde hörten sich geduldig die Aufzählung der Speisen an, die der Wirt ernst und mit einem Pathos vortrug, als handle es sich um das Kommunistische Manifest. Die beiden lauschten ergriffen und waren völlig unschlüssig, welche der Köstlichkeiten sie bestellen sollten. Alles klang gut.

„Alles?" fragte der Wirt. Die beiden Freunde nickten tapfer.

„Wein? Wasser?" Sie nickten wieder.

Die Auswahl an Bouteillen-Weinen im Lokal ist gut, aber klein. Standesgemäß trinkt man hier ohnehin „vino sfuso", also offenen Wein. Der Tocai ist sauber, der Pinot Grigio anständig und der Cabernet vorzüglich. Der Wirt stellte von jedem einen kleinen Krug auf den Tisch. Nur zum Kosten. In Summe war es aber dann doch wieder ein Meter. Da saßen sie in der milden Abendluft, die nach Meer roch, wie sie das nur in der Lagune tut, und harrten des Menùs. Über ihnen wölbte sich ein „balaor" – dem das Lokal seinen Namen verdankt –, vor ihnen füllte sich die enge Gasse mit spielenden Kindern, gestikulierenden Pensionisten und flanierenden Touristen. Es war einfach wie im Süden.

Nach und nach brachte „Che“ die Speisen. Er tat dies bedächtig und mit feierlicher Miene, was den Respekt der Freunde vor dem Dargebotenen noch steigerte. Bald bog sich der Tisch unter butterweichem Oktopus, offiziell „Polipo in umido“, im Dialekt auch „folpo“ oder „polpo“ genannt, zwei Tellern mit Ährenfischen, den sogenannten „Ribalta vapori“, und „Sarde in savor“. Das war noch nicht unbedingt typisch für Grado. Dafür aber die nächste Schüssel: „Vongole à la Gradese“. Das sind die echten Venusmuscheln, die man nur in flachen, sandigen Gewässern findet und deren Ernte und Reinigung eine mühselige Angelegenheit ist. Meist bekommt man im Handel und auch in den Restaurants an der nördlichen Adria nur die „Vongole verace“, welche größer sind und an ihrem Muskel zwei Fortsätze haben, die wie kleine Hörner ausschauen. Diese stammen meist aus künstlicher Zucht und kommen mitunter aus Kenia oder Asien. Da der Transport schnell erfolgt und die Kühltechnik raffiniert ist, kann man auch sie gefahrlos essen. Geschmacklich reichen sie bei weitem nicht an die kleinen Vongole heran, welche man im Gradeser und Triestiner Dialekt „caparòzoli“ nennt – ein Begriff, den man in der Gegend auch liebevoll für „capezzoli“, also Brustwarzen, verwendet.

VONGOLE À LA GRADESE

Die Vongole werden in kaltes Wasser gelegt, in dem man etwas Meeressalz aufgelöst hat. Darin läßt man sie ein, zwei Stunden liegen. Muscheln, die einen Spalt offen sind, werden sich freiwillig schließen, sofern sie noch am Leben sind. Denn so scheidet man die Spreu vom Weizen: Die, deren Schalen nach dieser Prozedur noch immer offen bleiben, sind schon verblichen und werden entsorgt. Die noch oder wieder geschlossenen reinigt man im Wasser sorgfältig von Sand und Algen und läßt sie in einem Sieb abtropfen.

In einem hohen Topf erhitzt man gutes Olivenöl, wirft die Muscheln hinein und legt den Deckel darauf, den man ab und zu lüftet, um kräftig umzurühren, auf daß die Mollusken gleichmäßig der Hitze ausgeliefert sind. Nach ein paar Minuten – Köchin bzw. Koch müssen die Nerven bewahren – haben sich die Schalen geöffnet. Dann nimmt man den Deckel ab, würzt mit gehackter Petersilie, feingeschnittenem Knoblauch sowie frischgeriebenem schwarzem Pfeffer und gießt mit einem Glas Weißwein auf. Mit Salz sollte man vorsichtig umgehen, da die in den Vongole enthaltene Flüssigkeit aus Meerwasser besteht. Man gibt den Deckel wieder auf den Topf und läßt alles etwa zehn Minuten köcheln.

Serviert werden die Vongole in einem tiefen Teller oder einer Schüssel, zusammen mit ein paar Scheiben geröstetem Brot oder frischem Baguette. Gegessen wird mit den Fingern, was manchen weltgewandten Gast irritiert. Eine Gabel zu Hilfe zu nehmen wäre aber genauso sinnvoll, wie Reis mit Zahnstochern zu essen.

Geht es um die Sättigung, kann man natürlich mit diesem Rezept auch „Spaghetti alle vongole“ herstellen. In manchen Häusern wird aus ebendiesem Grund der Muschelfond mit Brotbröseln gebunden. Solche Methoden machen die Cucina povera noch ärmer, als sie ohnehin schon ist. Gerade die Armut verlangt nach einfachen, unverfälschten Genüssen. Nur diese trösten über sie hinweg und lassen sie leichter ertragen.

Als nächstes brachte der Wirt „Boreto alla gradese“. Dafür gibt es kein fixes Rezept. Die Zutaten richten sich nach dem täglichen Fang. Der ist jahreszeitlich völlig unterschiedlich. Auch über die Zubereitungsart ist man sich von Haus zu Haus nicht einig. Es gibt dafür mehr Rezepte als Casone in der Lagune. Grundsätzlich gilt, daß verschiedene Fische in grobe Stücke geschnitten werden, welche man leicht mehliert und in Olivenöl anbrät. Dann löscht man mit Weißwein oder

Fischfond ab und läßt das Ganze einkochen, bis die Sauce so intensiv ist, daß sie am Kochlöffel Fäden zieht. Die Glaubensfrage besteht nun darin, ob man Zwiebel und Knoblauch mitbrät, mit Lorbeer, Pfefferkörnern und Thymian würzt und, wenn ja, mit wieviel. Wird die Sauce püriert oder samt Zwiebel serviert? Sicher ist nur: es handelt sich um ein köstliches Gericht.

Einfacher sind die Rezepte für Aal, der vorwiegend von Oktober bis zum Frühjahr – bevor er geschlechtsreif wird – an den Flußmündungen gefangen wird. Man nimmt ihn aus, zieht ihm die Haut ab und schneidet ihn in Stücke. Diese werden in heißem Olivenöl, in dem man Knoblauchzehen gebräunt hat, bis sie fast schwarz sind, ringsum angebraten, mit Wein aufgegossen und mit viel schwarzem Pfeffer eine Viertelstunde gedünstet. Manche fügen Lorbeer und Rosmarin bei. Man kann sowohl Weiß- als auch Rotwein verwenden. In jedem Fall serviert man das geschmorte Tier mit Polenta und trinkt dazu frischen, kühlen Cabernet Franc. Der Aal, der auf italienisch „anguilla“, im Dialekt zwischen Venedig und Triest aber in Anlehnung an den Begriff „bissa“, also Schlange, „bisato“ heißt, bildet ein recht deftiges Gericht für die kalte Jahreszeit, wenn die Bora das Wasser der Lagune kräuselt und alle anderen Fische auf Tauchstation gegangen sind.

Auch zum „boreto“ schenkte der Wirt Cabernet ein.

„Rotwein zum Fisch?“ wunderte sich der Schauspieler.

„Warum nicht?“ entgegnete „Che“ und hieß ihn kosten. Es stimmte. Die Geschmäcker versöhnten sich im Gaumen. Gerade der Cabernet Franc, der meist ein geschmacklicher Lümmel ist, hart und grob, ist in seiner Jugend – quasi als Heuriger – ein vorzüglicher Begleiter von kräftigen Fischgerichten, ja sogar passend zu einer „Scarpena al forno“, dem ebenso häßlichen wie aromatischen Drachenkopf, der meist mit Kartoffeln im Rohr gedämpft wird. Auch dies ist ein typisches Wintergericht, das einer Tafel zu Weihnachten oder Silvester durchaus zur Ehre gereicht.

Die Freunde hatten für den Tag genug gegessen; auch die Gespräche über diese und jene Rezepte sättigten sie. An ein Dessert war nicht mehr zu denken. Caffè? Grappa? Nein. Ruhe war angesagt. Die Gasse vor dem Lokal hatte sich geleert, die Omas und Opas hatten die Enkel ins Bett gebracht, und die Touristen hatten sich zurückgezogen, um fit fürs „All inclusive"-Frühstücksbüfett zu sein. Plötzlich war es still. Vom nahen Fischereihafen hörte man das Knarren der Takelage und wie die Boote aneinanderrieben. Irgendwo lief ein Fernseher mit Sportprogramm. Aus einem offenen Fenster tönte das Lachen einer Frau; zwei Straßen weiter bog eine Vespa ums Eck und verklang zwei Ecken weiter. Der Wirt stellte noch einen Krug mit Wein auf den Tisch, setzte sich dazu und erzählte von seinem Großvater, der in seinem Casone Partisanen vor den deutschen Truppen versteckt hatte und dann bei Kriegsende Soldaten der Wehrmacht, die auf der Flucht vor den Titoisten von Istrien mit einem havarierten Fischerboot in der Lagune strandeten. Sowohl von den einen als auch den anderen kehrten welche in den fünfziger Jahren zurück, im Topolino, im Käfer, mit einer Beiwagenmaschine samt Frau und Kind. Die hausten damals irgendwo auf einem billigen Campingplatz, ernährten sich von dem, was sie von zuhause mitgebracht hatten, und wollten nach den dunklen Jahren nur das Meer sehen, die Sonne, den Sand, den Horizont. Ihre Enkel buchen heute Hotels mit Diskothek und Tiefgarage, Whirlpool und Motorboot-Taxi. Sie könnten genausogut auf Ibiza Urlaub machen.

Früher, sagt „Che", sei es in Grado ruhiger gewesen. Der Schauspieler und der Poet hörten einfach zu und blickten die leere Gasse entlang.

Blutiges Intermezzo

Der Schauspieler und der Poet nahmen ein frugales Frühstück zu sich: Cappuccino und Brioche. Denn das morgendliche Büfett, das in den Hotels zwischen Helsinki und Antalya – und auf halbem Wege auch in Grado – dargeboten wird, ist zwar mehr oder weniger reichhaltig, aber doch nichts weiter als gnadenlose Demonstration der ernährungstechnischen Globalisierung. Amerikanisches Müsli, Schweizer Käse, anonymer Schinken und ein paar saure Kiwis – das war ihre Sache nicht. Sie wollten sich nicht sättigen wie Touristen, deren Zuckerspiegel bis zum Abendessen – welches in der Halbpension inbegriffen ist – anhalten muß. Die beiden wollten wie die Fischer frühstücken, die eben von ihrer morgendlichen Fahrt zurückkehren, die ihre „merenda", also eine Jause zu sich nehmen, deren Kalorien ausreichen, um sie für ihre Strapazen zu entlohnen, und die Zeit verkürzen, bis die Mamma zuhause endlich eine Pasta auf den Tisch stellt.

Zunächst hatten die Freunde Pech. Ihr Lieblingslokal hatte Ruhetag. Im nächsten war noch die Putzfrau beim Polieren der Tische und schüttelte nur wortlos den Kopf. Eine Gelateria nebenan hatte offen. Cassata auf nüchternen Magen? Unmöglich. Mürrisch gingen sie weiter und kamen auf einen kleinen Platz, einen sogenannten „campiello". Eine Tür stand offen; heraus drang der Klang fröhlicher Männerstimmen. Kein Schild, keine Reklame deutete darauf hin, daß sich hier ein Lokal befinde, und doch sah es ganz danach aus. Zwei, drei Stufen führten hinunter in einen großen Raum mit einer stattlichen, mit Resopal verkleideten Bar aus den fünfziger Jahren, ringsum an den Wänden standen Holztische und Stühle, die aussahen, als habe Fellini hier eine Szene für „La Strada" gedreht. Die Kerle, die herumsaßen, lachten, diskutierten, aßen und tranken, bildeten die stilgerechte Komparserie.

Nach kurzem Zögern traten die Freunde ein und setzten sich. Der Mann, der hinter dem Tresen stand und den Wirt mimte, nickte ihnen kurz zu, kam zum Tisch und stellte ihnen eine Flasche Rotwein ohne Etikett und zwei Bechergläser hin. Der Poet fragte ihn schüchtern, ob es auch Weißwein gebe. Der andere schüttelte den Kopf, sagte „Salute!" und zog sich wieder zurück. Ein Pensionist vom Nebentisch prostete ihnen zu. Sie lächelten und tranken ebenfalls. Sonst geschah nichts von Bedeutung. Ihr Hunger aber wurde übermächtig. Auf den Tischen ringsum standen Teller und Brotkörbe, Salame wurde aufgeschnitten und mächtige Käsestücke kleingewürfelt. Doch keiner fragte die beiden Freunde um ihre Wünsche. Es sah nach schlechtem Service aus.

„Meinst du, es gibt hier auch Fisch?" fragte der Schauspieler.

Der Poet ging an die Theke und erkundigte sich bei dem Mann, der in der Spüle Gläser mit der Hand wusch, ob es auch für sie etwas zu essen gebe. Dieser nickte nur und sagte, er komme sofort an den Tisch, zu dem sich jener zurückbegab.

„Und?" fragte der Schauspieler gereizt. Der Poet zuckte mit den Achseln. Der Mann, der den Wirt spielte, trat wenig später an den Tisch, legte zwei Sets aus Packpapier vor sie hin, stellte einen Plastikkorb mit Brötchen in die Mitte, verschwand, kam wieder mit einem Teller Salame und einer dicken Scheibe Käse. Bevor die Freunde etwas sagen konnten, zog er sich wieder zurück. Sie starrten die fette Wurst und den harten Käse an. Das sollten sie ungefragt essen, auf nüchternen Magen, nur wenige Schritte von den Köstlichkeiten des Meeres entfernt, quasi auf Rufweite mit Calamari und Vongole? Der freundliche Herr vom Nebentisch prostete ihnen abermals zu. Sie prosteten zurück, begannen aus Verzweiflung ein paar Happen zu essen, fühlten sich ebenfalls als Statisten und sahen sich nach versteckten Kameras um.

Die beiden berieten, wie sie sich nun so schnell als möglich aus der Affäre ziehen könnten. Wieso hatte sie keiner nach ihren Wünschen gefragt? Wieso sollten sie etwas bezahlen, was sie gar nicht bestellt hatten? Sie beschlossen, einfach Geld auf den Tisch zu legen und unauffällig zu verschwinden. Da erhob sich der freundliche Pensionist vom Nebentisch, nahm seine Flasche und sein Glas, setzte sich zu ihnen. An Flucht war nun nicht mehr zu denken. Der Herr sprach auch ganz gut Deutsch, wie ein italienischer Schauspieler, der in die Rolle eines Gastarbeiters schlüpft, der zwanzig Jahre in Gelsenkirchen gearbeitet hat. Das Geld, das auf dem Tisch lag, schob er beiseite und sagte, daß sie eingeladen seien. Denn dies hier sei keine Trattoria, sondern das Vereinslokal der Blutspender von Grado, wo man sich nach dem morgendlichen Blutopfer trifft, um sich wieder zu stärken. Dann füllte er die Gläser mit Wein und prostete den beiden Freunden zu.

Porto Buso und zurück

Anderntags trennten sie sich. Der Poet wollte malen und der Schauspieler seinen Freund Xaver treffen, um mit ihm und Dario weiterzufahren, über die Isola Morgo hinaus – wo sie gestern gewesen waren –, vorbei an San Giuliano, zum Casone di Pasolini. Vielleicht auch bis hin nach Porto Buso, wo es noch die Reste der österreichischen und italienischen Stellungen und Bunker aus dem Ersten Weltkrieg zu sehen gibt. Dort befindet sich eine Trattoria, die nur auf dem Wasserweg zu erreichen ist, in der man Gerüchten zufolge einfach, aber vorzüglich Fisch essen kann.

An Bord war der Schauspieler in seinem Element. Er fuhr hinaus in seine Lagune, auf eine Seebühne im Ausmaß mehrerer Quadratkilometer und vor allem weit entfernt von jedem Zuschauerraum. Hier durfte er spielen, was er wollte – nicht Othello, nicht des Teufels General oder wen auch immer, sondern sich selbst. An diesem Tag fühlte er sich gut besetzt.

Zu seinem Wohlbefinden trug auch bei, daß er für einen Tag den Poeten los war, der ihn mit seiner leisen, nur scheinbar zurückhaltenden Art mitunter nervte. Unter dem Vorwand, sich nicht aufdrängen zu wollen, überschüttete er die Menschen seiner Umgebung mit kritischen Informationen. Ohne ihn würde der Schauspieler nun den Tag und eine Goldbrasse genießen, ohne über Nuancen von Salz und Salbei diskutieren zu müssen. Auch wollte er – als das Boot das Wasser der Lagune durchpflügte – nicht ständig daran erinnert werden, wieviele Mosaiken, Statuen und Amphoren im Schlamm für immer verborgen lägen.

Sie fuhren an dem Casone vorbei, wo sie tags davor so herzlich bewirtet worden waren. Er erinnerte sich an seinen Freund Viti, ein Gradeser Original, der ihn „Fratello" ruft, wohl weil er ähnliche Staturen für ein Zeichen seelischer Verwandtschaft hält. Dieser Fischer verbringt den Sommer zusammen mit seiner alten Mutter auf einer kleinen Insel. Etwa 500 Quadratmeter mißt sein Eiland, auf dem seine schilfgedeckte Hütte steht. Daneben gibt es einen gut sortierten Naturkeller sowie ein Nebengebäude, in dem er seine Arbeitsgeräte – Netze, Bojen und Werkzeug – aufbewahrt. Außerdem befindet sich dort eine für die Lagune äußerst seltene Einrichtung: eine Toilette.

Auf Vitis Kontinent feirten der Schauspieler, Xaver und ihre Freunde bis ins Morgengrauen den Drehschluß ihrer Filme, mitunter zum Leidwesen der weiblichen Teilnehmer. Denn von einer Insel gibt es kein Entkommen vor einem einsamen Fischer und seiner Romantik. Mit seiner Auserwählten zog der Alte sich zurück in seine Hütte und zeigte ihr die ganze Nacht lang Photos von den Promienenten, die ihn besucht hatten.

Der Fischer und der Poet

Giuliano hatte dem Poeten versprochen, ihn zum Fischen mitzunehmen. Er wollte in Richtung Santa Maria di Barbana hinausfahren, in die „palù di sora“, die oberen Sümpfe Richtung Isonzo. Dort habe er vor ein paar Tagen kleine Reusen für Scampi und Krebse versenkt, die er kontrollieren möchte. Außerdem wolle er ein Netz für Seezungen und „passere“, also Butt, auslegen. Es sei eine ruhige Arbeit, wo man vor Anker gehe, den Motor ausschalte und in der Lagune dümple. Es sei ruhig da draußen, sagte er, gerade richtig für einen Künstler und die Inspiration.

Der Fischer wußte, daß der Poet auch ein Maler war, der Motive aus der Lagune liebte: den endlosen Himmel, die kaum sichtbaren Horizonte, wenn das Meer in Licht und Dunst unendlich wirkt; das Spektrum der Blautöne von transparentem Türkis bis zu nachtdunklem Schwarzblau. Wenn Wasser und Luft scheinbar eins werden, wähnt man sich im Nichts. Und das Nichts malt er gern, der Poet.

Irgendwo machte Giuliano sein Boot fest und bereitete das Netz vor. Ein leichter Wind kräuselte die Lagune und hüstelte im Schilf. Oder war dort eine Schlange auf der Suche nach Nahrung? Ein Aal? Ein Otter? Das lauteste Geräusch machten die Kormorane, die den Fischer erspäht hatten und auf leichte Beute hofften. Es sind unverschämte Vögel, die selbst noch dem ärmsten Pensionisten die Köderfische aus dem Eimer klauen. Wie Aasgeier in einem schlechten Western lassen sie sich auf den Pollern und Stangen nieder, die hier im Schlamm stecken, teils um die Fahrtrinne anzudeuten, teils um Netze und Angeln daran zu befestigen.

Der Poet kramte in seinem Rucksack, wo irgendwo zwischen einer Weinflasche und Salamebrötchen sein Aquarellkasten vergraben war. Auch Papier hatte er mit: feinstes Torchon mit 350 Gramm. Daß

er nur mit Marderhaarpinseln malt, ist weniger auf Snobismus denn auf handwerkliche Ansprüche zurückzuführen. Er war bereit. Doch plötzlich rief er so laut, daß der Fischer beinahe das Netz ins Wasser hätte fallen lassen:

„Das Wasser! Ich habe das Wasser zuhause vergessen!"

Nach einer Schrecksekunde begannen beide zu lachen, und der Poet begann mit dem Wasser der Lagune zu malen. Es wurde in der Folge kein Fall bekannt, daß ein Fisch ernsthaft erkrankte, weil jener seine Pinsel in der Lagune ausgewaschen hat.

Nachdem das Netz ausgelegt und das Aquarell vollendet war, fuhren sie weiter, zu den Reusen, und gingen wieder vor Anker. Während der Poet einen Kormoran porträtierte, zog der Fischer bedächtig eine Reuse nach der anderen an die Wasseroberfläche. Manche versenkte er wieder, weil sie fast leer waren oder nur Getier enthielten, das sich bestenfalls als Köder eignete. Aber zwei, drei hievte er an Bord. In ihnen wimmelten Gamberetti, dazwischen ein paar Calamari und sogar eine kleine Seezunge.

Der Fischer und der Poet waren zufrieden, öffneten die Flasche Wein – ein unkomplizierter Pinot Grigio aus dem Collio –, tranken und aßen dazu die Salamebrötchen zur Stärkung. Dann machten sie sich wieder auf den Weg. Sie fuhren den Canale Primero hinauf, quer durch das fruchtbare Schwemmland, wo der Mais in fünfzig Tagen mannshoch und erntereif wächst, bis zum Isonzato, dem Nebenarm des Isonzo. Auf ihm steuerten sie wieder meerwärts, passierten ein paar Brücken und landeten schließlich unweit von Fossalon bei einem Gehöft, das „Quattro Pioppi" heißt. Das ist ein weit ausladender Bauernhof mit Ziegen, Hühnern und Schweinen, der sich sommers an den Wochenenden in eine Art Trattoria unter freiem Himmel verwandelt. Hier wird gegrillt, was hier wächst: Koteletts, Cevapcici, Rippchen, Hühnerbeine und Gemüse. Außerdem gibt es hier noch die besten „Calamari fritti" weit und breit, dazu Salat, der eben noch gelebt hat.

Es war geschlossen. Sie suchten den Bauern und fanden ihn im nahegelegenen Gemüseacker. Als er das Zauberwort „gamberetti“ hörte, steckte er die Schaufel tief in die fette Erde und ging mit ihnen zum Hof zurück. Wenig später saßen alle drei an einem Tisch unter den Pappeln, sprachen den frisch gegrillten Gamberetti zu, brachen Brot und tranken einen herrlichen goldgelben und leichten Wein, der hier in der Gegend meist nur um die elf Prozent hat und somit durchaus in der Lage ist, den Durst zu stillen.

Schon von ferne hörten sie einen Dieselmotor tuckern. Es war Nino, der Fischer aus Duino, der mit seinem alten Boot – auf dem schon sein Großvater gefischt hatte – quer über den Golf von Panzano und den Isonzato heraufgefahren war, um den Poeten abzuholen. Nino kam nicht mit leeren Händen, sondern mit einem Netz voller Cozze, Vongole und „cape lunghe“. Das zu erwartende Gelage schien sich herumgesprochen zu haben, denn wie auf ein unsichtbares Zeichen hin erschienen noch zwei Nachbarn des Bauern. Man kannte sich, tauschte Neuigkeiten aus, sprach von Ernte, Fischfang, Hochzeiten und Todesfällen.

Als die Sonne sich anschickte unterzugehen, verabschiedeten sie sich mit einem letzten Glas und brachen auf – die einen im Auto, die anderen in ihren Booten, und der Bauer ging, seine Schaufel zu holen. Nino und der Poet tuckerten quer über den nördlichsten Golf der Adria, vorbei an der Mündung des Isonzo, umschifften einen mächtigen Kohletransporter, der den Hafen von Monfalcone anlief, schlängelten sich durch die Bojen der Muschel- und Fischzucht vor der Küste und landeten wohlbehalten in Duino.

Der arme Mann und das Meer

Der Pfarrer und seine Köche

Als der Schauspieler den Poeten zum ersten Mal besuchte, wollte er wissen, wo er ihn finden könne. Entweder sei er im Hafen oder in der Piazza von Duino, die nichts weiter als eine Straßenkreuzung mit einer Bar ist. Das unscheinbare Lokal befindet sich genau gegenüber dem Eingang zum Schloß, der aussieht wie ein antiquiertes Garagentor, und heißt „Bar al Castell". Dort wisse man in aller Regel, wo er sich gerade aufhalte. Also begab sich der Schauspieler nach seiner Ankunft dorthin und fragte nach dem Poeten, der hier eher als „pittore" bekannt ist. Der, sagte die Wirtin, sei eben nach Hause gegangen. Wo das sei, wollte sein Freund wissen.

„Chiesa!" sagte sie. Und: „Prete!" Ungläubig nickte er. Über den Poeten gab es jede Menge Gerüchte, so zum Beispiel, daß er im Schloß wohne oder gar eigene Latifundien besitze. Aber daß dieser Pfarrer geworden sei und in der Kirche wohne, konnte er sich nicht vorstellen. Die Kirche fand er leer bis auf eine alte Frau, die auf slowenisch betete. Also ging er zum Pfarrhaus und läutete dort. Der Pfarrer öffnete ihm, hieß ihn einzutreten und führte ihn in die karge Küche, wo der Poet in die Zubereitung einer Minestra vertieft war. Alle drei setzten sich um den Tisch, auf dem Brot, Käse, Wasser und Wein standen, worüber der Gottesmann seinen Segen sprach. Sie aßen, tranken und redeten, wie es sich für ein Pfarrhaus gehört, über Gott und die Welt.

Hier wohnte also der Poet, in einem Zimmer im ersten Stock als Gast des Pfarrers, mit dem ihn seit Jahren eine tiefe Freundschaft verbindet. Böse Zungen im Dorf fühlen sich ob der Gegensätzlichkeit der beiden Charaktere an Don Camillo und Peppone erinnert. Freilich ist

Don Giorgio ein tüchtiger Dorfpfarrer und engagierter Seelsorger; das, was man unter einem engagierten Christen versteht. Aber er war lange Zeit noch etwas anderes, nämlich Professor für Physiologie an den Universitäten von Triest, Mogadischu und Monrovia, spricht mehrere Sprachen, darunter auch Hebräisch, und ist ein brillanter, unterhaltsamer Gesprächspartner. Die Zeit verging, und der Hunger kam. Man beschloß, essen zu gehen.

Der Pfarrer versteht etwas vom Essen. Sein Vater war gelernter Koch, schon als Soldat der österreichisch-ungarischen Armee, der das Massaker von Lemberg wie durch ein Wunder überlebte.

Er schätzt die traditionelle, einfache Küche, die Cucina povera, die sein Vater meisterhaft zuzubereiten wußte. Daran hält sich auch der Poet, wenn er seine kulinarische Pflicht als Pfarrersköchin erfüllt. Meist gibt es aus praktischen Gründen Eintöpfe, an denen die mitteleuropäisch-norditalienische Küche reich ist. Nur manchmal wird besser aufgekocht, vor allem zu den kirchlichen Festtagen. Am Gründonnerstag gibt es traditionellerweise – bevor die Tage des strengen Fastens beginnen – „Agnello stufato", geschmortes Lamm mit Kartoffeln und Erbsen. Erst am Ostersonntag wird wieder richtig gegessen, und zwar festlich. Die gläubigen Frauen des Dorfes bringen Speisen in die Kirche mit, teils um sie segnen zu lassen, teils als Geschenk für den Sacerdote: „Gelatina", eine Tellersülze, mehr oder weniger rustikal, dazu Gubana, Presnitz und vor allem Pinza samt gefärbten Eiern. Aber nach den beiden Messen auf slowenisch und italienisch hat sich der Gottesmann ein festliches Menù verdient, zu dem oft auch Freunde in die Canonica eingeladen werden.

Das stellt den Poeten alljährlich vor eine große Aufgabe, sowohl küchentechnisch als auch kreativ. Eines Tages, als sie beim Osterlamm saßen, fragte er seinen Freund, den Pfarrer, was er sich am Sonntag wünsche. Dieser hob die Augen gen Himmel und sagte bestimmt: „Gefillte Fisch!"

Dieses jiddische Festmahl ist mittlerweile im katholischen Haus zur Tradition geworden. Ansonsten wird bescheiden gelebt. Nur am Montag, ihrem freien Tag, gehen die Priester der Umgebung gemeinsam mittagessen, um dabei ihre seelsorgerischen Probleme zu besprechen. Sonst wird zuhause gespeist.

Heute, dem Schauspieler zuliebe, machte er eine Ausnahme, wohl auch weil die Vorräte für diesen zu frugal gewesen wären. So fuhren sie hinüber in das kaum einen Kilometer entfernte „Villaggio del Pescatore“, ein einfaches Fischerdorf, das in den fünfziger Jahren für die istrischen Flüchtlinge errichtet worden ist, wo keine Elite beheimatet ist, sondern Menschen leben. Sie ernähren sich – in Kooperativen organisiert – von Muschelzucht und Fischfang. Die beste und billigste pescheria der Region befindet sich in diesem kleinen Hafen. Kommunikationszentrum des Ortes ist die Piazza mit der dort befindlichen Bar Sport. Unweit, in Richtung der aufgelassenen Steinbrüche, wo man vor ein paar Jahren den größten fossilen Saurier Italiens gefunden hat, gibt es den „Pescaturismo“, wo an den Wochenenden Triestiner und Friulaner zentnerweise Muscheln, Calamari und sonstiges Meeresungeziefer vertilgen. Der Platz ist schön; man ißt nicht schlecht und reichlich. Wer aber wirklich essen will, geht zu Bruno.

Das Lokal ist schlicht, aber kitschig, die Terrasse im Sommer angenehm ventiliert. Hier wird eine fast bäuerliche Fischküche geboten, die ihren istrischen Ursprung nicht verleugnet: die üblichen „Antipasti misti“, Nudeln mit Meeresfrüchten, gegrillter Fisch mit Polenta und Salat. Familien essen gerne hier, Touristen kehren ein. Es ist meistens einfach gut.

Nur manchmal geht es auch raffinierter zu. Als die drei Gäste noch mit der überdimensionalen „Grigliata mista“ kämpften, trat Bruno zu ihnen und stellte einen Teller auf den Tisch. Darauf lagen Scampi, roh, halbiert, mit Knoblauch, Kräutern, Zitrone und Olivenöl mariniert. Sie seien frisch, erst heute morgen gefangen, sagte der Wirt, und von einer

Qualität, wie man sie selten finde. Da saßen sie nun und naschten das Getier, welches sich als perfektes istrisches Sushi erwies. Dazu tranken sie eine Flasche eines würzigen Tocai von Humar aus San Floriano und redeten in die laue Nacht hinein. Der Pfarrer erzählte, daß die Familie während der deutschen Besatzung nie Hunger leiden mußte, weil sein Vater mit Fisch und Würsten einen regen Tauschhandel betrieb und dafür von den Soldaten ausreichend Grundnahrungsmittel erhielt. Dann erst kamen die schweren Jahre.

Er habe aber nie so gut gegessen, sagt Don Giorgio, wie in den Zeiten der Not.

„Mai ho mangiato così buono come nei tempi della miseria."

Irgendwas gab es immer: „Pasta fagioli" etwa. Oder Minestrone.

„Die Minestrone!" rief der Poet, sprang auf, und sie eilten zurück ins Pfarrhaus, um zu retten, was noch zu retten war.

Duino: Einfach kostbar

Bianca kam, kaum daß sie die Schule beendet hatte, Mitte der sechziger Jahre mit ihrer Mutter aus Zadar nach Duino. Sie waren auf der Suche nach Arbeit. Sie verdingten sich als Küchenhilfe in der Dama Bianca, welche damals das wohl feinste Restaurant der Triestiner Riviera war. In der Folge arbeitete sie an der Bar, im Service und organisierte Bankette. Vornehme Menschen speisten hier große Fische, Hummer und Scampi. Wilko, der Padrone, hatte viele wichtige Freunde: Schauspieler, Unternehmer, Politiker. Sie feierten oft bis zum Sonnenaufgang. Bei ihm lernte Bianca nicht nur das gastronomische Handwerk, sondern auch ihren Mann kennen: Rino, Sohn einer aus Chioggia stammenden Fischerdynastie, welche nicht nur dieses Lokal belieferte. Wenig später heirateten sie und bekamen einen Sohn: Dario. Da machte sich Bianca selbständig und übernahm nebenan das

„Cavalluccio“, dem man damals in Konkurrenz mit dem legendären Restaurant keine große Zukunft voraussagte. Es kam anders.

Bianca machte mit zähem dalmatinischem Fleiß, ihrem Charme, ihrer Klugheit und zielsicherem Geschmack aus dem „Seepferdchen“ ein kleines Paradies, kannte ihre Gäste beim Namen und pflegte die Pflanzen ihrer Pergola. Währenddessen wurde Wilko müde. Die Blumen im Saal wurden immer weniger, viele seiner Freunde waren nun zu alt, um Feste zu feiern. Dann starb er, der Herr des Hafens, viel zu früh und gezeichnet von Arbeit und Exzessen. Seine Witwe führte das Lokal weiter, verdiente ihr Geld noch ein paar Jahre mit Zimmervermietung und Strandbar. Längst notwendige Investitionen wurden nicht mehr getätigt, die Sessel zerfielen, und Rost begann die Tische zu erobern. Auch das hatte seinen Reiz; es war gewissermaßen der dekadente Charme der Nachkriegs-Bourgeoisie. Romantiker saßen dort nächtens bei einer Flasche Wein und badeten nackt im Mondschein. Der Poet und seine Freunde feierten hier endlose Feste, zu denen jeder Gast etwas mitbrachte. Denn eines konnte man damals in der Dama Bianca nicht mehr: gut essen. Die Witwe erkannte irgendwann die Vergeblichkeit ihres Verharrens, wollte in ihren verdienten Ruhestand gehen und bot Bianca das Lokal an. Diese überlegte lange, denn außer den Mauern war nichts mehr zu gebrauchen. Schließlich ließ sie sich auf das Abenteuer ein. Sie verließ das „Cavalluccio“ wieder, welches noch heute von seinem guten Ruf, seiner Lage und der schattigen Pergola lebt.

Aus der Dama aber machte Bianca wieder das, was es ursprünglich war: eines der besten, jedenfalls aber das schönste Fischrestaurant zwischen Venedig und Triest. Nirgendwo sonst sitzt man so unmittelbar am Meer.

Der Schauspieler ließ Zweifel daran aufkommen, ob ein so vornehmer Schuppen der richtige Schauplatz für ihr Buch sei. Der Poet schüttelte in seiner manchmal unerträglichen Weisheit den Kopf. Sie würden ganz einfach essen, das, was die Fischer von Duino schon vor hundert Jahren gegessen hätten. So war es auch. Es gab „Sardoni in savor“, verschiedene gratinierte Muscheln, „Seppioline in umido“ samt ihrer Tinte und frischer Polenta, eine Seezunge vom Grill und hinterher ein tüchtiges Stück von der „Torta della Nonna“.

Natürlich kann man hierorts auch elegante Gerichte zu sich nehmen, wie etwa „Tartuffi di mare“, jene köstlichen Muscheln, die in ihrem Wohlgeschmack keiner Auster nachstehen und die man wie diese roh verzehrt. Auch Jakobsmuscheln in allen erdenklichen Variationen oder „Scampi con la botarga“ stehen auf der mündlichen Speisekarte. Ein „Branzino in sale“ nach dem anderen wurde von den Kellnern fachgerecht tranchiert. In die Kategorie des Luxus gehört mittlerweile auch das Leibgericht des Poeten: die Meeresspinne. Sie lebt in den klaren Gewässern entlang der Felsküste, erreicht einen Durchmesser von bis zu zwanzig Zentimeter, sieht furchterregend aus und sollte nur im Winter und Frühjahr gefangen werden. Ihr Fleisch wird gerne zu raffinierten Risotti oder Pastagerichten verarbeitet. Am besten ist die „Granzevola“ oder auch „Granseola“ aber natur als Antipasto.

GRANZEVOLA AL LIMONE

Man benötigt weibliche und männliche Tiere. Erstere geben mehr Fleisch, zweitere den Geschmack. Die lebenden Meeresspinnen werden in kochendes, leicht gesalzenes Wasser geworfen und zehn Minuten lang gesotten. Dann fischt man sie heraus und macht sich daran, sie auszulösen. Der Panzer wird aufgebrochen, die unversehrte Oberschale ausgewaschen und beiseite gelegt. Alles Fleisch aus dem Inneren, den Beinen und den Scheren wird fein säuberlich ausgelöst und zerpflückt. Vor allem muß es vom feinen, durchsichtigen Chitinskelett befreit werden, welches den Genuß entscheidend stören würde. Das ist eine

Sklavenarbeit. Das Corail der männlichen und die Eier der weiblichen Tiere werden ebenfalls entnommen, gereinigt und kleingeschnitten, ehe man sie mit dem Fleisch vermengt und in der auf dem Rücken liegenden Oberschale – die quasi als Schüssel dient – anrichtet. Bei Tisch wird die Meeresspinne mit Petersilie, frischgemahlenem schwarzem Pfeffer, Zitrone und Olivenöl mariniert. Manche, wie der Poet, würzen sie zusätzlich mit feinst gehacktem Knoblauch.

Auch das war seinerzeit ein Arme-Leute-Essen. Natürlich haben der Schauspieler und der Poet auch diese Delikatesse verkostet und eine unvergessliche Flasche Bianco von Vigna Petrussa dazu getrunken. Spät am Abend, als sich die Terrasse leerte, setzte sich Bianca zu ihnen.

Eigentlich, sagte sie, verdanke Duino alles den Sardinen. Sie wies auf die Villa Gruber am anderen Ende des Hafens. Heute ist das eine gemütliche, etwas altmodische Pension, mit vielen Büchern in den Zimmern und einem romantischen Garten, wo sich angenehme Tage der Kontemplation verbringen lassen. Dort stand seinerzeit eine Sardinenfabrik, die einem gewissen Signor Gruber gehörte, welcher die Tochter des berühmten Triestiner Schriftstellers und Journalisten Silvio Benco heiratete. Als der Betrieb nicht mehr lief, bauten sie das Gebäude in ein Privathaus um, später in eine Pension.

Das Dorf aber lebte noch bis in die achtziger Jahre vom Fischfang, vorwiegend Sardine und Sardoni, dazu Volpine, Seppie, Calamari, hie und da ein Branzino und ein paar Orate. Über zwanzig Fischer gab es, mit kleineren oder größeren Booten, die mit dem Erlös für die erbeuteten Früchte des Meeres samt ihren Familien ihr Auskommen fanden. Das Überleben gestaltete sich aber immer schwieriger. Es begann mit der Überfischung der oberen Adria durch moderne Fischfangflotten, dann kam die Umweltverschmutzung dazu. Nicht zuletzt waren es die Billigimporte und die italienische Steuerpolitik, welche die Kleinen benachteiligten, bis dieses Gewerbe nicht mehr profitabel war. Ein letztes taten die Normen der Europäischen Union, welche mit den alten Booten nicht zu erfüllen sind. Bei den heutigen Erträgen lohnen sich Umbauten oder gar Neuanschaffungen nicht mehr. So gibt es in Duino nur noch einen einzigen Fischer, der aber offiziell in Pension ist und eher aus Zeitvertreib und sportlicher Laune seine Netze und Reusen auslegt denn aus wirtschaftlicher Notwendigkeit.

Duino ist nur noch die Karikatur eines Hafens. Die Baracken der Fischer, in denen diese ihre Utensilien aufbewahrten, sind verwaist und rosten vor sich hin, das Büro der Hafenpolizei ist nur sporadisch besetzt. Der Parkplatz nimmt mehr Fläche ein als das Bassin, in dem neben zwei Polizeibooten und einer Yacht zwei Dutzend Seelenverkäufer dümpeln, keiner länger als zwanzig Fuß. Manche dieser Boote dienen als bewegliche Badeplattform, andere wiederum sind hier nur noch deswegen vertäut, damit ihre Besitzer nicht die begehrten Liegerechte verlieren. Vor allem aber: es riecht im Hafen nicht mehr nach Fisch.

So geht also in Duino das Jahrhundert der Sardine zu Ende, sagte der Poet und wollte einen klugen Vortrag über die Globalisierung halten.

Sein Freund gebot ihm zu schweigen. Er gehe nach wie vor davon aus, sagte der Schauspieler, daß jeder Fisch, den er hier verzehrt habe, bis zu seiner kulinarischen Verarbeitung vor der Terrasse auf und ab geschwommen sei.

Dann nippte er am Wein und blickte hinaus aufs nachtblaue Meer. Das war seine Art von Romantik.

Wie hoch das Meer reicht

Es gibt auch ein paar Plätze oben im schroffen Karstgestein, wo sich vorzüglich Fisch essen läßt. Unabdingbar für den Genuß ist natürlich der Blick aufs Meer. Sie zu kennen ist nützlich. Denn es gibt auch ein paar Tage im Jahr, an denen der Schauspieler und der Poet, die beide die Seefahrt über alles lieben, den Golf von Triest an Bord eines Schiffes meiden und sich schon vormittags in die Zone von zweihundert Höhenmetern über der Costiera begeben.

Am zweiten Sonntag im Oktober findet die „Barcolana" statt, angeblich die größte Segelregatta der Welt. Dann geht es zwischen Muggia und Duino auf dem Wasser zu wie auf der Brooklyn Bridge beim New York City Marathon. Längs der Rive drängen sich Zigtausende Neugierige zwischen Grillständen und Eisbuden. Aber dabeisein ist nicht immer alles. Viel schöner ist es, das Spektakel von oben aus zu betrachten, am besten während man gut ißt. Zum Beispiel bei „Slauko". Für den Tag der Barcolana ist es allerdings ratsam, schon ein Jahr vorher zu reservieren.

An diesem Lokal fahren die meisten vorbei. Die Einfahrt ist unauffällig und abenteuerlich. Kommt man von Sistiana, so nimmt man nicht die Küstenstraße, sondern die alte Verbindung über Aurisina und Santa Croce, biegt in Prosecco rechts ab Richtung Triest. Nach ein, zwei Kilometern gelangt man in den Ortsteil Contovello, wo zu Maria Theresias Zeiten ein Hafenmeister saß und die Segel zählte. Die Straße macht hier eine 180-Grad-Kehre nach links, von der aus sich ein prächtiges Panorama über den Golf von Triest auftut. Nur ein paar hundert Meter weiter weist rechter Hand ein unauffälliges Schild auf die Trattoria hin. Will man in den Parkplatz einbiegen, so sind bei starkem Verkehr heftige Manöver vonnöten. Man steht vor einem einfachen Haus, vor dem sich eine Terrasse mit altem Baumbestand erstreckt. Von hier aus, aber auch vom Speisesaal sieht man die Stadt, den Hafen, das Meer, die Küste bis nach Piran, und überhaupt ist es schön. „Da Slauko" ist ein traditioneller Familienbetrieb. Der Gast darf sich keine raffinierten Rezepturen erwarten, dafür aber eine herzliche Atmosphäre. Hier wird wie zuhause gekocht und serviert. Aber der Blick ist ein besonderes Gewürz. Am Tag der Barcolana ist der Golf garniert mit tausend Segeln, deren Spiel im Wind faszinierend zu beobachten ist, während man genießt, was sich so alles unter den Kielen der Boote tummelt – und wenn es nur eine simple, aber üppige „Grigliata mista" ist mit einer Flasche Vitovska von Lupinc aus dem nahegelegenen Prepotto.

Fährt man auf der kleinen Straße weiter hinunter nach Triest, gelangt man zu dem Leuchtturm, der unter Mussolini als „Faro della Vittoria" errichtet worden ist. Zu seinen Füßen befindet sich eine andere schlichte Trattoria, die selbstverständlich nicht anders heißen kann als „Al Faro". Von der Terrasse bietet sich ein wunderschöner Blick über den Hafen bis hinüber nach Muggia. Man kann die Schiffe zählen, während man auf das Menù wartet. Das übliche: „Antipasti misti", „Risotto marinara" und eine dralle Goldbrasse für zwei, dazu Salat und ein „chillo" vom redlichen Tocai. Irgendwo spielen Kinder. Der alte Herr am Nebentisch nickt im Sitzen ein, während seine Frau stoisch ihre „Creme caramel" löffelt. Unter der Woche ist es ruhig, die Reben auf der Pergola spenden im Sommer gnädigen Schatten. Es ist eben eine Trattoria wie damals, als die beiden Alten vom Nebentisch sich hier zu ihrem ersten Rendezvous trafen.

Seemannskost

Jede Hafenstadt hat ihr typisches Seemannsgericht, welches an die armseligen Zeiten der christlichen Seefahrt erinnert. Mit Ausnahme der Bouillabaisse schmecken diese Eintöpfe abscheulich. Was für

Hamburg der „Labskaus", ist für Triest die „calandraca". Sie ist wie jener nur genießbar, wenn es lange Zeit und weit und breit nichts anderes zu essen gibt. Ihr Name kommt von „Calandra", einer im Mittelalter und der beginnenden Neuzeit für das Mittelmeer typischen Form der Handelsschiffe.

Die Reisen dauerten damals lange. Noch Grillparzer litt an der Überfahrt von Triest nach Venedig, nicht nur wegen der schrecklichen Zustände an Bord, sondern auch daran, daß man einer Flaute wegen über zwei Tage unterwegs war. Für die Reise nach Konstantinopel oder Alexandria aber benötigte man – je nach Windverhältnissen – zwei bis drei Wochen. Zwischendurch anzulanden, um frischen Proviant an Bord zu nehmen, war wenig ratsam. Entweder herrschte gerade wieder einmal Krieg zwischen den diversen Groß- und Kleinmächten, und der jeweilige Feind hielt gerade die Stützpunkte besetzt; oder man landete in einem malerischen Küstenstädtchen, dessen Bewohner ihren Lebensunterhalt mit Piraterie bestritten. Also war man bestrebt, ausreichende Vorräte mitzuführen. Neben Kraut und Rüben waren die diversen Hülsenfrüchte Kalorien- beziehungsweise Vitaminspender. Die Kartoffel kam auch in den Kombüsen erst im 18. Jahrhundert zu kulinarischen Ehren. Das lebensnotwendige Protein lieferte in den seltensten Fällen frischer Fisch. Diesen findet man in reichlicher Menge nur in den Küstengewässern und bevorzugt bei ruhigem Wetter. Fischen hätte Zeitverlust bedeutet und Gefahren heraufbeschworen. Das Angebot von Meeresgetier an Bord reduzierte sich auf Stockfisch und Hering in Salz, die aber weder beliebt waren noch den klimatischen Bedingungen standhielten. Hauptsächlich griff man also auf Pökelfleisch zurück. Dieses wurde in Holzfässern, von Steinen beschwert, konserviert. Meist handelte es sich dabei um minderwertige Teile vom Rind, welche lederartige Konsistenz annahmen.

CALANDRACA

Das Rezept für die „calandraca" ist relativ simpel: Das gepökelte (Rind-)Fleisch wird gekocht und in Stücke zerteilt. Diese werden mit würfelig geschnittenen Kartoffeln, Zwiebel, Karotten und Sellerie in der Suppe weitergedünstet. Man staubt mit Mehl, fügt Tomatenmark hinzu und würzt mit Knoblauch, Salz, Pfeffer und Gewürznelken. Es entsteht ein etwas breiiger Eintopf, der mit Olivenöl beträufelt und mit gerösteten Brotschnitten serviert wird.

Auf den Speisekarten der Triestiner Osterie findet man dieses Gericht so gut wie nicht mehr. Wohl zu Recht. Denn wer will sich schon kasteien wie ein venezianischer Galeerensträfling im 15. Jahrhundert. In privaten Haushalten wird dieser Eintopf noch manchmal gekocht, vorwiegend von alten Damen, die sich bei seinem Verzehr wortreich an die Kriegs- und Krisenjahre erinnern und mit vollem Mund den im Teller herumstochernden Enkeln erzählen, wie dankbar sie einst als Kind für eine „calandraca" waren.

Ansonsten ist die Triestiner Küche reich an durchaus geschmackvollen Gerichten der Cucina povera. Das Hinterland, die „retroterra" des Karstes, und erst recht das nahe Friaul liefern frische Grundprodukte je nach Jahreszeit, Spargel, Pilze oder Feigen, dazu Würste, Schinken und Käse in reicher Auswahl. Die anderen Zutaten schwimmen quasi vor der Haustür. Oder sollte man sagen: schwammen? Spätestens seit vor kurzem die Fischhalle ihren Betrieb einstellte, könnte man den Verdacht hegen, daß die Fische im Aquarium die letzten des Golfs von Triest sind.

Die Fischhalle – welche derzeit zu einem Veranstaltungszentrum umgebaut wird – ist mit einem Turm versehen, der ihr das Aussehen einer Kirche verleiht. Im Volksmund heißt sie daher „Santa Maria del Guatto". Guatto ist der Name der Meeresgrundel, die im Hafenbecken von Pensionisten, Arbeitslosen und Kindern gefangen und wie der österreichische „Steckerlfisch“ zubereitet oder paniert wird. Ihr Geschmack ist nicht jedermanns Sache und bei der gegenwärtigen Wasserqualität auch nicht unbedingt empfehlenswert.

Die Basis der Triestiner Fischküche bildet traditionellerweise der „Pesce azzurro“, der billige und doch nicht minderwertige Blaufisch. Zu dieser Kategorie gehören „Sardoni“, auf deutsch Sardellen (nicht zu verwechseln mit dem versalzenen Fischleichnam, der bei uns mit billigem Öl in Dosen angeboten wird), weiters „Sardine“ oder „Sarde“, also die klassischen Sardinen, oder die adriatische Makrele, welche hier „Sgombro nostrano“ heißt. Diese wird kaum spannlang, ist weniger fett als ihre atlantische Cousine und stellt vor allem im Spätwinter und beginnenden Frühjahr eine Delikatesse dar. Sie wird unausgenommen mit etwas grobem Meeressalz, Olivenöl und Kräutern auf die Grillplatte geworfen, kurz gegart und anschließend ohne Besteck mit den Fingern verzehrt, indem man ihr die Haut über den Kopf zieht und nur die Rückenfilets abnagt. Ähnlich verfährt man mit frisch gefangenen Sardinen. Aber es gibt Hunderte andere, bei weitem raffiniertere Rezepte, die aus dem „Pesce azzurro“ veritable Gerichte machen, egal ob als Antipasti, Primi oder Secondi, welche selbst den vornehmsten Haushalten und Restaurants zur Ehre gereichen. Es gibt in Triest sogar eine Vereinigung von Wirten und engagierten Hobbyköchinnen, welche sich der Pflege dieser kulinarischen Tradition verschrieben hat.

Es sei hoch an der Zeit, meinte der Poet, daß sich endlich jemand aufraffe und ein Loblied auf die Sardine anstimme. Denn diese ist der Lachs des kleinen Mannes und wird mitunter auch von Millionären heimlich verspeist. Es gibt mehr Zubereitungsarten für sie als Küchen zwischen Zadar und Venedig. Ihr kräftiges Fleisch eignet sich sogar für Ragouts, Suppen und Brotaufstrich und versöhnt sich mit beinahe jedem Gewürz. Minze und Salbei schmeicheln ihr ebenso wie

Basilikum; selbst in einer dicken Tomatensauce mit Peperoncini bewahren sie Haltung. Der Triestiner bevorzugt sie paniert. Die Sardine ist in Hinblick auf die vielfältige Verwertbarkeit jedem Edelfisch überlegen. Armut siegt! triumphierte der Poet und schrieb dem Schauspieler sein Rezept für „Sardoni in savor“ auf, was man am besten mit „Sardellen mit Geschmack“ übersetzt.

SARDONI IN SAVOR

Man röstet feinblättrig geschnittenen Zwiebel und eventuell ein wenig Knoblauch in gutem Olivenöl goldgelb, löscht mit einem Glas hellem Weinessig und zwei Gläsern Wasser ab, würzt mit zwei, drei Lorbeerblättern, Petersilie, Pfeffer sowie wildem Fenchel und läßt den Sud leise köcheln. In der Zwischenzeit nimmt man die Sardoni aus, wäscht sie in kaltem Wasser, dem man grobes Meeressalz beigefügt hat, tropft sie gut ab und wendet sie leicht in Mehl. Nun werden die Tiere in Olivenöl fritiert, in eine Schüssel geschichtet und mit dem Sud übergossen. Das Ganze läßt man erkalten und serviert das Gericht mit frischer Petersilie und gutem Brot als Antipasto oder „Spuntino“, also Imbiß. Manche Köche oder Köchinnen streuen noch geröstete Pinienkerne darüber oder kochen gar Rosinen mit. Das ist Unfug. Da könnte man ja gleich Scampi mit Nüssen und Marmelade essen!

Die beiden Freunde waren einige Tage mit dem Boot unterwegs und hatten die damit immer verbundene Askese satt. Am letzten Abend, bevor sie nach Triest einfuhren, sprachen sie an Bord nur noch vom Essen. Sergio, der Skipper, und der Poet übertrafen sich in Erzählungen von den guten alten Zeiten, als man von der Mole aus mit einem simplen Netz oder mit einer Grundangel das Abendbrot organisierte, welch unvergleichliche Gerichte sie dazumal gekocht hätten, während der Schauspieler die aktuellen Feinschmecker-Zeitschriften und neuesten Guides studierte.

Hunger im Hafen

Der Schauspieler und der Poet kamen vom Schiff. In Erwartung einer reich gedeckten Tafel hatten sie am letzten Tag auf See wenig gegessen. Als Sergio anbot, doch noch einmal seine berühmten „Spaghetti alla napoletana“ zu produzieren, winkten sie nur müde ab. Denn stundenlang hatte der Poet von den geheimen Schauplätzen der Triestiner Kulinarik geschwärmt, die ihm nun ein halbes Leben lang vertraut seien, von der Osteria in der Altstadt etwa, die berühmt sei für „Sardoni in savor“ und „Seppie in umido“, welche man zwischen vollen Weinfässern genoß; oder von der legendären „Cantina sociale“ im Hafen mit ihrer zentnerschweren Mortadella, die am Flaschenzug hängt wie ein Delinquent und von unten nach oben scheibchenweise aufgeschnitten wird. Ganz zu schweigen vom „Baccalà alla triestina“, dem Stockfisch, der in Stücke gepflückt, mit Kartoffeln und Milch im Rohr gegart wird. Der Schauspieler kannte dieses Gericht noch nicht, gab Magenknurren zum besten und heftete seinen Blick an den Horizont in Erwartung, daß endlich die Silhouette der Stadt sichtbar werde. Bis es soweit war, beruhigten die beiden ihre Geschmacksnerven mit der letzten Flasche istrischem Malvasia, die noch an Bord zu finden war.

Endlich – ihre Mägen waren leer wie die Flasche – kam Triest in Sicht. Sie gingen an Land. Der Poet zerrte seinen Freund in die engen Gassen der „Cavana“, des mittelalterlichen Viertels am Fuße der Burg von San Giusto, wo sich einst eine Spelunke an die andere reihte und noch in den siebziger Jahren grell geschminkte Damen patrouillierten, die den Abzug der alliierten Soldaten verpaßt hatten.

Die beiden irrten herum zwischen Baugerüsten, Schutthaufen und

Preßlufthämmern. Seit ein paar Jahren wird Triest renoviert, was auch an einigen schmucken Altstadthäusern zu erkennen ist, welche mit ihren frischen, strahlenden Fassaden der „tristezza" Paroli bieten und zu ebener Erde Geschäfte von Gucci oder Hermès beherbergen. Die oberen Stockwerke stehen großteils leer, weil sich nur wenige Triestiner die geforderten Quadratmeterpreise leisten können. Da und dort widersteht noch ein Lebensmittelgeschäft oder ein Antiquariat der Stadterneuerung.

Der Poet murmelte, man müsse noch eine Straße weiter. Aber auch da war nicht das gesuchte Lokal. Er schien die Orientierung verloren zu haben. Zunächst witzelte der Schauspieler noch, daß es einen Grund habe, weshalb so wenige Dichter Rallye-Beifahrer seien. Aber mit einem Schlag war sein Magenknurren nicht mehr gespielt, sondern gallenbitterer Ernst. Mißmutig gingen sie nebeneinander im Kreis, durchmaßen dieselbe Straße nun zum dritten Mal. Hier müsse es sein, sagte der Poet und blieb vor einem alten Haus stehen. Ja, das war es: rechts davon die Buchhandlung, linker Hand das Polizeipräsidium. Auch das Lokal war da, ein Chinese namens „Zum Ewigen Frieden". Allein schon der Name hinderte sie am Betreten.

Also machten sich die beiden auf in Richtung Hafen, um in der „Cantina sociale" den ersten Hunger mit einer tüchtigen Scheibe Mortadella zu stillen, dazu ein paar Löffel Peperonata, eingelegte Zwiebeln und knuspriges Brot. Mehrmals liefen sie die „Rive" zwischen der Piazza Unità und der Fischhalle auf und ab, vorbei an den zwei, drei Nobelrestaurants, die die Stadt zu bieten hat und die von den wenigen Touristen und den häufiger auftretenden US-Marines ganz gut leben. Immer wieder rief der Dichter: „Hier muß es sein!" Nichts war. Man fragte schließlich einen alten Mann, der nur stumm auf die Fassade hinter sich wies. Ja, da war ein Lokal. Junge Leute saßen davor und tranken Bier oder Cola. Über ihnen prangte die Leuchtschrift „Kebab und Pizza". Einen Augenblick lang schien es, als wollte der Schauspieler den Poeten erwürgen und dieser den Lokalbesitzer. Schließlich lächelten beide, zuckten mit den Achseln und machten sich wieder auf den Weg in die Altstadt. Sie ignorierten die Schilder „Panini“ und „Tosti“, stärkten sich mit einem erträglichen Glas Tocai und schritten wacker fürbaß – sicher, ein typisches Lokal zu finden.

Sie kamen am legendärden „Bufet da Pepi“ vorbei. Die alten Triestiner nannten das Lokal „Pepi s’ciavo“, also „Pepi, der Sklave“, weil sein Besitzer ein Slowene war. Das hat seine Ursache darin, daß alle Slawen seinerzeit von den italienischen Nationalisten – und manchmal auch heute noch – als „s’ciavi“ bezeichnet wurden. Die Friulaner haben dafür das ebenso wenig schmeichelhafte Wort „sclaf“. Trotzdem ist das „Bufet“, gegenüber der Börse in einer Seitenstraße gelegen, bei den Triestinern außerordentlich beliebt. Hier ist man von Kopf bis Fuß auf Schwein eingestellt. In der Vitrine dümpeln gekochte Öhrchen und Füßchen, dazwischen Rippchen, Schwarten, Würste und Geselchtes, welches hier Kaiserfleisch heißt. Der Gast sucht sich sein Lieblingsstück aus, welches vom Kellner aus dem Sud gefischt und mit Senf, Kren, Kraut und Brot zum Tisch serviert wird. Dazu trinkt man Bier oder den berühmten Terrano, welcher eine Restsäure aufweist, die dem Konsumenten der von Fett triefenden Fleischstücke a priori den Verdauungsschnaps erspart.

Das „Bufet“ ist eine Alt-Triestiner Tradition, eine Stätte unkomplizierter Nahrungsaufnahme, eine Art McDonald’s des Fin de siècle: ungesund, dafür aber schnell und billig. Billig ist „Da Pepi“ freilich nicht mehr, aber immer gerammelt voll mit Geschäftsleuten, Börsianern, Sekretärinnen, Pensionisten und Studenten, welche hier – vor allem in der kalten Jahreszeit und bei Bora – ihren Kalorienbedarf gnadenlos stimulieren. Es dauert nicht lange, und die Gäste sind wieder verschwunden wie ein Spuk, während die Kellner das Fett von Tischen und Stühlen wischen. Wer hier länger verweilt als eine Viertelstunde, hat entweder keine Wohnung oder ist ein Tourist.

Der Poet und der Schauspieler betraten das Lokal. Alle Tische waren besetzt. Eine Gruppe österreichischer Geschäftsleute aß Geselchtes und Würstchen mit Senf und Kren, trank Bier dazu. Sie waren zufrieden, in dieser Stadt endlich einen Ort gefunden zu haben, wo es zuging wie im Lavanttal, wo man sie nicht nötigte, Meeresspinnen und ähnliches Ungeziefer zu vertilgen, ließen sich's schmecken und machten nicht den Eindruck, daß sie demnächst aufbrechen würden. Am Tresen standen die Triestiner in zwei Reihen, kleckerten mit Senf und Terrano, während das Personal erste Zeichen eines Burn-out-Syndroms erkennen ließ.

Als sie wieder auf der Straße standen – hungrig, aber mit dem Parfüm geselchter Rippchen am Hemdkragen –, fragte der Schauspieler den Poeten, weshalb dieser immer von „bufet" und nicht von „Büfett" rede. Weil, versetzte dieser, dies in Triest einfach so heißt und so ausgesprochen wird.

„Es riecht auch nach Bufet und nicht nach Büfett", sagte der Schauspieler, und sie gingen ihrer Wege, hinauf ins Studentenviertel, Richtung Viale XX Settembre. Sie flanierten die schönste Straße Triests entlang, welche rechts und links von Gründerzeitbauten gesäumt ist und in deren Mitte sich eine Platanenallee hügelan zieht. Die Viale ist eigentlich keine Straße, sondern eine Chaussee, wie man sie sonst nur in französischen Städten findet, ein kleiner Boulevard Saint Michel, mit vielen Lichtern, Hunderten Tischen und tausend Stühlen zwischen den Bäumen, laut und bevölkert von Jugendlichen und Pensionisten. Eine Gelateria reiht sich an die nächste, dazwischen riecht es nach Kaffee und Pizzaschnitten. Aber eine Trattoria? Nein. Es gibt keine Trattoria hier, auch nicht in den Seitenstraßen. Dafür ist dort, wo einst der schönste Trödler der Stadt war, McDonald's eingezogen. Einen Häuserblock weiter, an der Ecke der Gasse, die zur Via Cesare Battisti, zum Caffè San Marco und zur Synagoge hinunterführt, befindet sich das letzte verbliebene Triestiner Lokal der Gegend: ein „bufet".

Den beiden Seebären, die nun zu hungrigen Wanderern geworden waren, war's egal. Sie traten ein und nahmen an einem winzigen Tisch Platz. Der Raum war halbleer. Ein alter Mann las Zeitung, nippte an einem Glas Rotwein. Der Wirt und zwei Gäste diskutierten am Tresen einen verschossenen Elfmeter von Inter Mailand.

Es gab noch zu essen. Die Reste des Tages. Ein fettes Stück Kaiserfleisch schwamm noch in der Brühe. Dazu wurden vakuumverpackte Würstchen aus ihrem Plastikpyjama befreit und aufgewärmt. Senf und Kren bildeten die Dekoration.

„Wie in Favoriten", sagte der Schauspieler.

„Was willst du?" entgegnete der Poet. „Du schwärmst doch sonst auch immer, daß Triest eine österreichische Stadt ist."

Sie kauten Brot, tranken Wein, ließen die Teller unberührt, schwiegen, haßten einander, die Stadt und die Welt. Der Wirt erkannte den Ernst der Lage, servierte schweigend ab, schenkte nach und bat die beiden um etwas Geduld. Dann wechselte er ein paar Worte mit einem der Fußballexperten, welcher daraufhin das Lokal verließ, und verschwand selbst in der Küche. Als er kurz darauf zurückkam, schleppte er einen schweren Gegenstand, der aussah wie ein unförmiges Brot, warf ihn auf den Tresen und begann ihn aufzuschneiden. Ein feiner Duft nach Kräutern und Geräuchertem durchzog den Raum. Es war ein mächtiges Stück Schinken in Brotteig.

Der Freund des Wirtes kam zurück, in der Rechten eine Krenwurzel, die er wie einen Degen führte. Es wurde geschnitten, gerieben und gelacht. Schließlich standen vor jedem der Gäste ein voller Teller mit Schinken und ein volles Glas Wein. Alle scharten sich um die zwei Österreicher. Man tröstete sie, weil Rapid gegen Inter Mailand verloren hatte, ließ sie hochleben, weil unter Franz Joseph alles besser war und ohne Maria Theresia Triest noch immer ein Seeräubernest wäre. Sein Großvater, sagte der Wirt, habe noch für Österreich gegen die Italiener gekämpft. Trotzdem wähle er die Alleanza Nazionale, weil es in

Triest zu viele Ausländer gebe. Den Einwand seiner Gäste, daß auch sie welche seien, ließ er nicht gelten und erhob sein Glas mit dem Trinkspruch „Viva l'Austria".

Der Schauspieler und der Poet tranken höflich, aßen artig auf und wollten zahlen. Aber der Wirt nahm kein Geld von ihnen. Als die beiden am Gehen waren, sangen die anderen Gäste des Lokals – das sich wieder gefüllt hatte – exklusiv für sie zuerst „Brüderlein trink!" und anschließend „Lili Marleen" in lautmalerischen Variationen.

Es dämmerte bereits, als sie auf der Straße standen, zwischen Serben, Nigerianern, Napoletanern und sonstigem buntem Völkergemisch.

„Du magst recht haben", sagte der Poet zum Schauspieler, „manchmal ist Triest eben eine durch und durch österreichische Stadt."

„Gibt es hier auch ein italienisches Lokal?" wollte dieser wissen.

„Ja", versetzte jener, „es gehört einem Kroaten."

Scampi alla bùžara

Sie fuhren nach San Giacomo. Dieser Stadtteil südöstlich zu Füßen der Burg am Hügel von San Giusto ist ein altes Arbeiterquartier und hieß in der Zeit nach dem Zweiten Weltkrieg „Stalingrado", weil dort neunzig Prozent der Bevölkerung kommunistisch wählten. Heute ist es der Stadtteil mit dem höchsten Ausländeranteil, so etwas wie die Bronx von Triest. In einer Seitengasse der Via San Giacomo betreibt Giorgio ein kleines Lokal namens „Dardo Rosso". An der Fassade steht aber nicht der Name drauf, sondern schlicht „Birreria". Drinnen lümmeln zentnerschwere, tätowierte Hafenarbeiter am Tresen, trinken Bier und mampfen Pizza. Ihrer ansichtig werdend, ergreift jeder Gourmet die Flucht oder ist sich wenigstens sicher, sich in der Adresse geirrt zu haben.

Aber es gibt ein Hinterzimmer, wo Giorgio aufkocht. Dort hat er ein Karbäuschen mit einer primitiven Kochstelle, die es nicht verdient, Herd genannt zu werden. Aber dort werkt er, kocht mit einfachsten Mitteln schlicht phantastisch. Allerdings nur auf Vorbestellung und nur für Freunde. Insofern wäre es sinnlos, die genaue Adresse preiszugeben. Wer das Lokal finden will, wird es finden, übers Jahr verteilt ein paar Gläser mit Giorgio trinken und ihn schließlich bitten, ihm irgendwann einmal „Scampi alla bùžara" zu kochen.

Diese waren auch der Grund, weshalb der Poet den Schauspieler in diese Kaschemme brachte. „Bùžara? Was ist das?" fragte dieser, woraufhin jener eingestehen mußte, keine treffende Übersetzung des Begriffs parat zu haben. Die Erklärung harre einer sprachwissenschaftlichen Untersuchung. Das sei, sagte er, zunächst ein Synonym für Gepantschtes, für Mischmasch oder so. „Buggerare" bedeutet im Italienischen soviel wie „jemanden betrügen", wird aber auch im Sinn von „beschmutzen" gebraucht. „Bùzarar" im Triestiner Dialekt meint das, was man auf deutsch mit „anpatzen" ausdrückt, sowohl im sozialen als auch bekleidungstechnischen Sinn. Damit ist wohl gemeint, daß die Scampi oder auch die nach ähnlichem Rezept zubereiteten Muscheln mit der Sauce angepatzt werden, vielleicht aber auch, daß es unmöglich ist, dieses Gericht zu vertilgen, ohne sich anzupatzen. Andere Quellen hingegen behaupten, daß der Begriff seine Ursprünge vom Französischen herleite und von „bougre" komme, was man etwas grob mit „dreckiger Kerl" übersetzen könnte.

Diese Erklärung ist freilich wenig appetitanregend und beschreibt doch eine der köstlichsten Zubereitungsarten für Schalentiere und Muscheln. Es gibt die „Bùžara" in Weiß oder Rot, mit „vongole", „cozze" oder eben mit Scampi, aber nur entlang der Felsenküste zwischen Zadar und Triest. Ein Römer weiß mit diesem Begriff nichts anzufangen.

Giorgio werkte in seinem Verschlag. Es zischte und dampfte, roch nach Süden und Meer. Schließlich trank er ein Bier, rief seine Frau, und die beiden brachten zwei Schüsseln an den Tisch. Die eine bordete über von Nudeln in würziger Sauce, die zweite war beladen mit einem Berg Scampi, allerdings nicht mit den gezüchteten, ellenlangen Monstern, deren Scheren und Schalen man ohne Nußknacker nicht öffnen kann, sondern mit diesem kleinen Getier, das kaum zehn Zentimeter mißt. Dessen Chitinkleid ist rosig, beinahe durchsichtig und so zart, daß weder Kind noch Greis Probleme haben, an den Scheren herumzuknabbern. Diese Scampi stammen wie Giorgio und seine Frau aus den wilden Küstenregionen Dalmatiens und Istriens. Daß die Nudeln frische, hausgemachte Tagliolini waren, verdient ebenfalls Erwähnung. Der Wirt mit seinem Bier und die Wirtin mit der Schürze setzten sich einfach zu den beiden Freunden, und man aß gemeinsam.

SCAMPI ALLA BÙŽARA

In einem Topf wird erstklassiges Olivenöl erhitzt. In dieses wirft man die frischen – am besten noch lebenden – Scampi, röstet sie kurz, fügt kleingehackten Zwiebel sowie Knoblauch (reichlich) und Petersilie hinzu, ebenso frischgemahlenen Pfeffer und grobes Meeressalz. Das Ganze wird mit gutem Weißwein abgelöscht, kurz eingekocht und mit Stücken von entkernten, geschälten Tomaten ergänzt. Nach ein paar weiteren Minuten fischt man die Scampi heraus und stellt sie warm. In der Zwischenzeit hat man die Nudeln al dente gekocht, abgetropft und gibt sie in den nochmals reduzierten Sud, wo man sie unter Umrühren kurz ziehen läßt.

Dieses Rezept erhebt keinen Alleinvertretungsanspruch. Das Gericht wird in jedem Haus variiert. Es handelt sich ursprünglich um ein

Arme-Leute-Essen, und somit ist es nicht weiter verwunderlich, daß die Sauce mit geriebenem Brot und Wein verlängert wurde und wird. Ebenso wie mit den Scampi verfährt man auch mit Muscheln und sonstigen Krusten- und Schalentieren. Statt der Nudeln wird oft geröstetes Brot oder gebratene Polenta dazu gereicht. Unabdingbar für den gesitteten Verzehr sind jedenfalls viele Servietten und hinterher ein Fingerbad.

Trieste vecchia

Eines ist den beiden Freunden auf ihren Exkursionen in die Stadt klar geworden: Es wird immer schwieriger, seine kulinarische Nostalgie zu befriedigen. Die traditionelle, autochthone Küche verschwindet auch aus Triest. Ihre Grundfesten bildeten die Produkte der nächsten Umgebung, die eine klassische „Cucina mare e monte" formten, in der Fisch, Fleisch und Gemüse gleichberechtigt waren. Mediterrane und alpine Gerichte schmorten in friedlicher Koexistenz auf demselben Herd. Dazu kam, daß Großmütter aus allen nur erdenklichen Teilen der österreichisch-ungarischen Monarchie in der Küche standen, welche wiederum die Rezepte ihrer Großmütter aus Galizien, dem Banat oder Böhmen mitgebracht hatten. Das alles wurde umschwebt vom Duft der Gewürze aus der Levante, mit welchen man an der Ponte Rosso handelte. In den alten Kochbüchern finden sich auch viele Speisen, welche von ihrer jüdische Herkunft künden – vor allem bei den Mehlspeisen: Chifeli, Fritelle, Strudel und Bagel, ja sogar die berühmte Kugel in vielen Variationen.

Seither haben zwei Generationswechsel stattgefunden. Zuerst kam es zur Italianisierung. Die regionalen Gerichte verschwanden von den Speisekarten und wurden durch jene aus dem Mezzogiorno, also aus dem Süden, ersetzt. Zwischen Palermo und Triest war kein großer kulinarischer Unterschied mehr auszumachen. Dieser Entwicklung zum Trotz wucherten an allen Straßenecken „Birrerie“, wo die Gäste mit Bier, „Wurstel“ und „Porcina“ unter den Photos von Sisi und Franz Joseph einem schrägen Bild der imperialen Vergangenheit huldigten.

Die junge Generation der Köche besinnt sich nun wieder der echten Traditionen, setzt auf elegante Küche und bringt es dabei zu respektablen Ergebnissen, Hauben, Sternen und sonstigen Meriten. Aber es ist oft nur ein Kokettieren mit der „cucina della nonna“, deren Konterfei nun statt des Kaiserpaares die Wände ziert. Auch „Fusion Food“ samt passend gestyltem Mobiliar usurpiert die alten, schummrigen „boteghe“ und „osterie“, die plötzlich in grelles Neonlicht getaucht sind. Die Sardinen sind in jedem Fall verschwunden.

Natürlich gibt es noch immer den „Suban“, einst ein Ausflugsgasthaus vor den Toren der Stadt, seit gut hundert Jahren das Bollwerk der „gutbürgerlichen“ Gastronomie in Triest. Die Jota ist unvergleichlich, die „Palacinche al basilico“ ein Gedicht, „Stinco di vitello“ ein purer Genuß, ganz zu schweigen vom „Piatto nobile“. Das ist Bries, Leber, Herz und Niere vom Kalb, auf Rebholz rosa gegrillt. „Nobile“ fühlt sich auch der Gast, der hier bedient wird.

Hier feiert man Hochzeiten, Taufen und Geschäftsabschlüsse. Oder man führt die betagte Erbtante zu ihrem Geburtstag aus. Sie fühlt sich sichtlich wohl, denn die Speisekarte hat sich seit ihrer Erstkommunion nicht geändert.

Der Schauspieler und der Poet fühlen sich für ein derartiges Lokal einfach noch zu jung. Für die jungen Starköche und deren Experimentierfreudigkeit sind sie als Gäste aber schon fast ein bißchen zu alt. Sie befinden sich in einer schwierigen Lage.

Also auf in die „Bagutta Triestino“ in der Via Carducci, auch wenn die alte Teresita schon seit Jahren nicht mehr kocht. Aber da gibt es noch Salame vom Esel und Rühreier mit Trüffeln. Maurizio, der Wirt, stellt frisches Brot und guten Wein auf den Tisch. Das Lokal verfügt vor allem auch über die notwendige Patina, die sich der gelernte Gast in einer echten Triestiner Osteria erwartet.

Doch, es gibt noch diese kleinen, einfachen Gaststätten, oben im Viertel um die Piazza Rosmini oder rings um das alte „Ospedale Maggiore“, in Servola, San Giacomo oder Scorcola, mit ihren gewachsten Schiffböden und den groben Holz- oder Resopaltischen. Meist wird dort nur zu Mittag aufgekocht. Der wortkarge Wirt legt einem das in eine Papierserviette gewickelte Besteck vor die Nase und memoriert unbeteiligt die Speisekarte. „Abbiamo ...“ beginnt er und zählt jeweils drei Antipasti, Primi und Secondi auf. Diese Art von Lokal muß man suchen. Vor allem aber muß man sie mögen.

Als sie in einer dieser Osterie saßen und ihre Bestellung abgegeben hatten, rezitierte der Schauspieler wieder einmal ein Stück Weltliteratur:

„Ihr, die ihr hier eintretet, laßt alle Hoffnung fahren!“

Aber sie hatten Hunger und aßen gut.

Karst – karg, aber köstlich

Am Eingang zur Unterwelt

San Giovanni di Duino, wo der sagenumwobene Fluß Timavo aus neun Quellen dem Karstgestein entspringt, ist seit je ein magischer Ort. Schon in vorrömischer Zeit dürfte es hier eine Kultstätte illyrischer Stämme gegeben haben. Von Anfang unserer Zeitrechnung bis zum Ende des Römischen Reichs befand sich hier ein Mithras-Tempel, in dem Legionäre ihrem Gott das Stieropfer darbrachten. Er befand sich in einer natürlichen Höhle, die zum Tempel erweitert wurde. Die Reste sind heute noch zu besichtigen, allerdings nur nach Voranmeldung bei der Gemeinde von Duino-Aurisina oder über den örtlichen Verein der Höhlenforscher. Hier steht auch ein wunderschönes romanisches Gotteshaus mit gotischer Apsis, das auf den Resten der wohl ältesten Kirche Norditaliens steht: San Giovanni Battista. Um das Gebäude zu besichtigen, muß man sich – wie in Italien so oft – entweder den Schlüssel in der Pfarre erbitten, welche oberhalb in der neuen Kirche von San Giovanni in Tuba ihren Sitz hat, oder man wartet auf den Sommer, wenn hier an manchen Abenden Konzerte geistlicher Musik stattfinden. Das alte Gotteshaus wurde wie so vieles hier im Ersten Weltkrieg zerstört. Bei den Renovierungsarbeiten entdeckte man den alten Friedhof, aber auch die Überreste einer römischen Straße samt Mosaikböden von Villen aus dieser Zeit. Auch diese kann man theoretisch besichtigen. Dafür muß man sich aber bei den Städtischen Wasserwerken von Triest, der ACQUA-ACEGAS, anmelden, weil sie sich auf deren abgesperrtem und streng bewachtem Werksgelände befinden.

Grundsätzlich ist anzumerken: Dem Touristen, der sich außer für

Essen und Trinken für Kultur und Geschichte interessiert, wird das Leben nicht gerade leichtgemacht. Es fehlen auch fast völlig diesbezügliche Wegweiser oder Informationstafeln. Und wenn, dann sind sie nur in Italienisch und manchmal auch Slowenisch gehalten. Ganz zu schweigen von jenen großen, meist kitschig-unbeholfenen Panoramabildern, welche den Reisenden zwischen Rust und Außerfern in Kenntnis darüber setzen, wo er sich befindet und was es in der Gemeinde so alles zu sehen gibt. Selbst beste Sprachkenntnisse helfen selten. Die Auskünfte sind spärlich oder unvollkommen. Das ist nicht weiter verwunderlich: Der Carabiniere, den man fragt, ist aus Taranto, das Fräulein von der Post aus Pordenone, und der nette junge Mann hinter der Bar hat das in der Schule nie gelernt. Auch die echten Eingeborenen vermögen selten mit sinnvollen Informationen zu dienen, denn es ist das Erbe der Geschichte in diesem Eck der Welt, daß drei Generationen versucht haben, ihre Geschichte zu verdrängen. Das ist ihnen mittlerweile tatsächlich gelungen.

Zurück zu den Quellen des Timavo. Hier befindet sich eine Schlüsselstelle zwischen den Erdteilen. Auf wenigen Quadratmetern endet das venezianisch-italienisch-römische Festland, und es beginnt der Karst, also der Balkan – auch wenn das gerade die slowenischstämmigen Triestiner ungern hören. Und hier verebbt die Adria, diese breite Wasserstraße zur Levante. Vielleicht entspringt der Timavo hier, weil sich drei Welten, drei Sphären aneinanderreiben und seit Jahrtausenden blutig geschürft haben.

Der Schauspieler sah das Naturschauspiel zum ersten Mal und war beeindruckt von der für den Karst völlig untypischen Üppigkeit der Natur, von den riesigen alten Bäumen, die wahrscheinlich schon alt waren, als Napoleon hier vorbeikam. Sie gingen noch hinauf zum Felsen neben der Staatsstraße, auf welchem zwei Wölfe daran erinnern sollen, daß die italienischen Truppen 1917 bis hierhin vorgestoßen waren. Der eine fletscht die Zähne, der andere hat das Maul weit aufgerissen, als heulte er den Monte Hermada an, die letzte Bastion des österreichisch-ungarischen Heeres. Die Tiere stehen hier als Symbole für die „Lupi di Toscana“, die Victor-Emmanuelschen Elitetruppen. Das Denkmal wurde unter Mussolini errichtet. Ursprünglich waren es drei Wölfe. Eines Tages, in den schlechten Zeiten nach dem Zweiten Weltkrieg, waren sie allesamt verschwunden. Zunächst glaubte man an Sabotage durch antiitalienische Partisanen. Das erwies sich als Irrtum. Es wurde eine Lösegeldforderung gestellt. Als diese erfüllt war, standen zwei bronzene Wölfe wieder auf ihrem Platz. Der dritte blieb verschwunden, was sich gut durch die damals horrenden Preise für Altmetall erklären läßt.

Noch war viel Zeit bis zum Abendessen. Aber der Hunger war groß. Dem könne leicht abgeholfen werden, meinte der Poet. Er habe morgens erfahren, daß unweit von hier, in Medeazza, eine legendäre Osmizza, nämlich die von Mirko und Danilo, eröffnet habe. Also machten sie sich auf den Weg.

Hühner, Hunde und gekaufter Käse

Was ist eine Osmizza? Das wollte der Schauspieler nun endlich genau wissen. Das ist exakt das, erklärte der Poet, was eine Buschenschank im ursprünglichen Sinn bedeutet. Es handelt sich dabei um ein Privileg für die im 18. Jahrhundert durch Kriegswirren und Mißernten verarmten Bauern, welches ihnen erlaubte, hauseigene Produkte acht Tage lang steuerfrei zu verkaufen. Und acht heißt auf slowenisch „osem“. Wer nun dieses Privileg erteilte, ob schon Karl VI., Maria Theresia oder erst deren Sohn Joseph II., darüber wird gerne gestritten. Sicher ist nur, daß sich diese Tradition überall dort erhalten hat, wo das Imperium herrschte, also östlich von Isonzo und Judrio. Westlich davon gibt es keine „frasche“, wie diese Lokale auf italienisch heißen.

Der Begriff bedeutet „Buschen“. An diesen kann man sich bestens orientieren, egal ob sie aus Lorbeer oder Efeu gebunden sind. Ein kleiner roter Pfeil darunter weist dem Durstigen den richtigen Weg. Es ist nur darauf zu achten, daß die „frasca“ grün und frisch aussieht. Wird sie im Laufe der Zeit trocken und bleich, so bedeutet das, daß der Wein keine Abnehmer findet, weil er selbst für die speckgeölten Gaumen der Karstbauern zu sauer ist.

Die beiden Freunde nahmen vom Timavo aus die Straße Richtung Gorizia und bogen nach ein paar hundert Metern nach rechts ab, nach Medeazza beziehungsweise Medjavas, was soviel wie Bärendorf bedeutet. Eine kurvenreiche, schmale Straße führt durch die Macchia – in welcher die jährlichen Waldbrände schwarze Narben hinterlassen haben – bergan in Richtung Monte Hermada. Von ihr bietet sich ein interessantes Panorama über Monfalcone, seine Werft und die Industriegebiete bis hinüber zum Naturschutzgebiet an der Mündung des Isonzo. Doch bald ist das Meer unsichtbar, und man gelangt in einen kleinen Ort, der keinerlei baugeschichtliche Faszination bietet. Das hat seinen Grund darin, daß er in beiden großen Kriegen bis auf die Grundmauern zerstört worden ist. Übers Jahr verteilt öffnen hier sechs Osmizze ihre Pforten. Nur eine davon ist den Umweg wert.

Am Ortsanfang teilt sich die Straße. Fährt man nach links, so kommt man zur einzigen Trattoria des Ortes, die mehr als einfach ist. Zweimal im Jahr ist sie allerdings einen Besuch wert: Im Sommer, wenn unten am Meer die Hitze brütet und die Touristen in dieser, sitzt man hier bei leichter Brise in einem schattigen Garten. Das zweite Mal sollte man Ende Oktober hierherkommen, wenn geschlachtet und gewurstet wird. Frische „salsicce“, hier „luganighe“ genannt, die gebraten und mit Spiegelei serviert werden, findet man kaum sonstwo in dieser Qualität. Voraussetzung zum Genuß dieser Köstlichkeit sind allerdings unbedenkliche Cholesterinwerte.

Fährt man nach rechts, gelangt man schnell ans Ende des Dorfs. Das letzte Gebäude rechter Hand hat den Hausnamen „Župan", weil hier der Bürgermeister wohnte, als Medeazza noch eine eigene Gemeinde war. Die beiden Enkel des letzten, Mirko und Danilo, sind mittlerweile schon reife Herren. Jedes Jahr Anfang Juni öffnen sie ihre Osmizza meist nur für wenige Tage. Das spricht für den Wein.

Hinter dem Haus breitet sich eine Wiese aus, in welcher ein paar Bäume stehen und Schatten spenden. Hunde, Katzen, Hühner, Gänse und am Wochenende auch Kinder laufen herum. Keiner tut dem anderen was. Chaotisch verstreut stehen Tische, Bänke und Stühle. Kein Stück gleicht stilistisch dem anderen. Menschen sitzen herum, alte, junge, Bauern und Städter, essen, trinken, reden, lachen. Die Szenerie erinnert an ein einfaches Ausflugsgasthaus in den fünfziger Jahren, wo irgendwo ein Schild hing: „Mitgebrachte Speisen dürfen hier nicht verzehrt werden!" Hier ist das anders. Den Wein muß man sich selbst in der Garage holen, wo er aus den typischen mit Stroh umwickelten Ballons gezapft wird. Das Essen wird gebracht. Salame, Pancetta, handgeschnittener Prosciutto und Lardo, also Surspeck, kommen auf Plastiktellern auf das Plastiktischtuch, dazu hartgekochte Eier und frisches Hausbrot, natürlich im Plastikkörbchen. Es handelt sich nicht gerade um Schonkost. Der Schauspieler begutachtete, kostete, dachte an den bevorstehenden Besuch bei seinem Internisten und verlangte nach Käse. Es gab keinen. Da half nicht einmal die Intervention des Poeten, der seit Jahren mit den Familien befreundet ist. Da sie keinen Käse herstellen, dürfen sie auch keinen verkaufen. Der Dünne aß das fette Zeug, sein Freund kaute Brot. Das konnte so nicht sein. Schließlich erbarmte sich Mirko und brachte ein Stück Käse, eingewickelt in neutrales Papier, und schärfte den beiden ein, daß sie, sollte sie jemand fragen oder gar die Guardia di Finanza auftauchen, schwören müßten, daß sie ihn von zuhause mitgebracht hätten.

Nicht jeder nimmt die alten Gesetze so ernst wie Mirko. Je näher man der Stadt kommt, umso häufiger findet man Osmizze, welche bereits optisch eher einer Trattoria oder gar einer Enoteca ähneln und wo man auch feinere Wurstwaren, mehrere Käsesorten und eingelegtes Gemüse bekommt, wo der Wein nicht mehr literweise neben dem Traktor mit dem Schlauch gezapft, sondern aus der Bouteille ausgeschenkt wird. Die Steigerungsform nennt sich dann „Agroturismo", verfügt über eine gastronomische Konzession, hat jedes Wochenende offen und bietet auch warme Speisen. An solchen Orten trifft man vorwiegend Touristen und italienische „borghesia". Die einfachen alten Männer der Umgebung oder spirituelle Traditionalisten bevorzugen die wenigen verbliebenen authentischen Osmizze, in denen es nach Maische und Motorenöl riecht, wo die scheußlichen karierten Tischtücher höchstens einmal pro Tag abgewischt werden und wo man, unter alten Nuß- und Feigenbäumen sitzend, nichts weiter erwartet als den Sonnenuntergang, die Begegnung mit alten und neuen Freunden, Pensionisten, die slowenische und Triestiner Volkslieder singen, oder schlicht die friedliche Stille des Karstes.

Manchmal gräbt Danilo eine seiner kostbaren Gänsesalami aus dem feuchten Sandhaufen im Keller. Dabei darf ihm aber keiner zusehen. Oder Mirko stellt einen Liter Terrano auf den Tisch. Der sei von seinem Schwager jenseits der Grenze. Hinter vorgehaltener Hand fügt er hinzu, daß dieser besser sei als der seine. Diese Geschichten können, müssen aber nicht passieren. Zur Not nimmt man eben Käse von zuhause mit.

Die steinige strada del vino

Der Görzer und Triestiner Karst war immer eine karge Landschaft, bewohnt von Menschen, deren einziger Reichtum die steinige Erde war. Hier konnten sich keine feudalen Kulturen entwickeln. Erschwerend kam hinzu, daß dieser Landstrich im 20. Jahrhundert fast achtzig Jahre lang Grenzland war. Zwei Kriege wurden hier blutig ausgetragen, viele Dörfer und die wenigen Felder niedergebrannt. Er war auch Schauplatz der Rache zwischen Faschisten und Kommunisten und geriet ins Vergessen der europäischen Öffentlichkeit, als sich der Schatten der Wachtürme des Kalten Kriegs über ihn legte. Die Menschen hier überlebten all dies im wahrsten Wortsinn verbarrikadiert in ihren eigenen vier Wänden. Das prägte über Generationen ihr Bewußtsein und ihre Lebensart.

Aber auch der Karst ist – trotz dieser hermetischen Vergangenheit – nicht sicher vor der Furie der Konsumgesellschaft und der Globalisierung. So hat sich beispielsweise zwischen Sagrado und dem Monte San Michele eines der größten und mittlerweile berühmtesten Weingüter Friauls, wenn nicht gar Italiens etabliert: Castelvecchio. Hier werden von einem Team hochspezialisierter Önologen landestypische Weine produziert, welche in Toprestaurants zwischen Singapur und Los Angeles zu finden sind, da das Marketing der Betreibergesellschaft perfekt funktioniert. Die Weine sind durchgestylt und entsprechen dem internationalen Geschmack. Es gibt an ihnen nichts Wesentliches zu kritisieren. Sie sind gut bis hervorragend. Nur eines sind sie nicht: authentisch. Die Reben, die hier gepflanzt wurden, wachsen auch anderswo.

Die autochthonen weißen Rebsorten des Karstes sind Malvasia Istriana, Vitovska und Prosecco, der auch Glera genannt wird. Nur zwei Rotweine werden hier angebaut: Refosko und seine Spielform Terrano.

Malvasia wächst hier seit der Römerzeit. Angeblich verdankt die Rebe ihren Namen der griechischen Stadt Monembasia, von wo sie nach Italien und Illyrien kam. Er ergibt in der Regel leichte, trockene, strohgelbe Weine, den Haustrunk der Bauern und die klassische Erfrischung in den Osmizze. Mancherorts wird er auch noch – wie früher relativ häufig – als „Vino Passito“ aufbereitet; das heißt, die Trauben werden zunächst auf Stroh gelagert und erst gepreßt, wenn sie sich auf dem besten Wege befinden, zu Rosinen zu werden. Diese Weine können sich durchaus mit Sauternes oder einer Spätlese aus dem Burgenland messen. Der Passito ist genau das, was man in der Toscana „Vin Santo“ nennt. Erwähnenswert ist auch, was selbst unter Weinkennern kaum bekannt ist, daß im Chianti Classico bis zu zehn Prozent Malvasier-Anteil enthalten ist und sein muß.

Der Vitovska ist schwerer zu finden und als Getränk nicht unkompliziert. Wird er sortenrein ausgebaut, so schmeckt er karg wie der Karst, oft sogar leicht bitter. Erst im nachhinein entfalten sich seine Frucht und der Geschmack der Kräuter und Pinien, zwischen denen er gewachsen ist. Er ist kein Getränk, das dazu dient, im Freundeskreis über Stunden die vom Reden heiseren Kehlen zu befeuchten. Er verlangt nach einem kräftigen Gericht, nach mit Salbei und Thymian gebeiztem Schweinslungenbraten oder geräuchertem Schwertfisch, nach Sardinen mit Minze oder Frittata mit wildem Spargel. Daß er ein gesuchtes Produkt ist, liegt vielleicht nicht so sehr an seinem durchaus ungewöhnlichen Geschmack, sondern daran, daß er so selten geworden ist. Früher hat man ihn hauptsächlich verwendet, um ihn mit dem zu Fruchtigkeit und Süße neigenden Malvasia zu verschneiden.

Spannend ist die Geschichte des Prosecco, dessen Rebe ursprünglich in der Gegend um den gleichnamigen Ort oberhalb Miramares beheimatet war und im Karst zwischen San Dorligo und dem Vipava-Tal angebaut worden ist, vor allem aber auf den Terrassen der Steilküste oberhalb Triests. Er eignet sich bestens, um mittels natürlicher Fermentation Schaumwein herzustellen, den „Frizzantino“. So trinkt man ihn heute auch hier noch manchmal als jungen Wein im Frühjahr und bis zur ersten Hitze, meist als Aperitivo oder einfach zwischendurch. Der Großteil aber wurde und wird trocken und still ausgebaut. Dieser Wein heißt in der Gegend Glera und ist sortenrein fast nicht zu bekommen. Nur ein paar Produzenten bauen ihn an; wenig davon kommt in den Handel, er ist in der Regel zum Ausschank in der familieneigenen Osteria oder Osmizza bestimmt. Den großen Erfolg feiert die Prosecco-Traube fern ihrer Heimat, in Valdobbiadene.

Die beiden Rotweinsorten, die im Karst angebaut werden, sind enge Verwandte. Der Refosko reift hier zu einem groben Kerl, der oft wenig Rücksicht auf zarte Geschmacksnerven nimmt. Er wird an Deftigkeit nur vom Terrano übertroffen, einem Getränk, das entweder beinahe kultisch geliebt oder heftig verschmäht wird. Auch er gebärdet sich am Gaumen oft wie ein Lümmel, läßt die Kapillaren einzeln spürbar werden und wirkt wesentlich schwerer, als er tatsächlich ist. Er paßt gut zu den typischen Gerichten der kargen Landschaft, wie etwa der Jota, die hier auf keiner Speisekarte fehlt.

JOTA ALLA TRIESTINA

Von diesem Traditionsgericht gibt es beinahe so viele Rezepte, wie es Triestiner Großmütter gibt. Auf jeden Fall braucht man dazu weiße Bohnen und Sauerkraut. Die Suppenbasis kann ein ausgekochter Prosciutto-Knochen sein, aber auch jede Art Fleischsuppe taugt dafür, vor allem wenn in ihr „luganeghe", ein „musetto" oder gar ein „zampone" gesotten worden sind. Auch Speckschwarten dienen als Geschmacksverstärker. In jedem Fall werden feingeschnittene Zwiebeln, Knoblauch, Speckwürfel und das grobgehackte Kraut in Olivenöl gedünstet und mit Suppe aufgegossen. Dann werden die mit den Fleischstücken oder Knochen stundenlang gekochten Bohnen beigefügt. Die einen binden die Suppe mit Mehl, andere mit gerissenen Kartoffeln, und die dritten pürieren einen Teil der Bohnen. Gewürzt wird mit Salz, Pfeffer, Salbei und Lorbeer.

Die Jota ist meist eher Eintopf als Suppe und wird oft auch als Hauptgericht serviert. Ihre Zusammensetzung gibt Auskunft über Armut oder Reichtum des Hauses, aber auch über Großzügigkeit oder Geiz der Köche und Köchinnen. In jedem Fall handelt es sich um ein winterliches Gericht, das einen auch am Boden hält, wenn die Bora bei Minusgraden mit über 100 km/h bläst.

Doch zurück zu den Weinen des Karstes, zu Vitovska und Terrano. Der Schauspieler und der Poet wollten ihre Kenntnisse auf diesem Gebiet vertiefen. Dieses Unterfangen erwies sich als schwierig. Denn wie in der Gesellschaft allgemein droht der Mittelstand zu verschwinden; auch hier vertieft sich die Kluft zwischen arm und reich. Eine gute Flasche zu einem guten Preis zu erwerben wird immer schwieriger. Einerseits gibt es eben die Osmizze, wo der Wein über die Straße noch – frisch aus dem Faß – in Mineralwasserflaschen aus Plastik abgefüllt wird, was wohl dem Gewohnheitstrinker gefällt, nicht aber dem Ästheten. So gut kann die Sache gar nicht sein, daß man sie aus diesem Gebinde mit Genuß trinkt. Auf der anderen Seite gibt es auch hier oben, zwischen zerklüfteten Felsen und Schweineställen, ein paar Winzer, die sich einer großen internationalen Karriere verschrieben haben. Sie lagern etwa den von seiner Struktur her nicht gerade üppigen Vitovska bis zu zwei Jahre in frischen französischen Eichenfässern, nachdem sie ihn auf vierzehn Prozent hochgekeltert haben. Gewiß: der Geruch ist höchst interessant, der erste Schluck schmeckt sensationell. Aber nach dem ersten Glas ist man satt. Ähnlich verhält es sich mit dem Terrano. Entweder wird einem zukünftiger Salatessig kredenzt oder hochprozentiges Kaninchenblut in barrique zu Preisen, daß man dann doch lieber zu Sassicaia und Brunello greift.

Wo ist das Mittelmaß? Die autochthonen Gewächse, die einfach gut sind? Gewiß, es gibt sie noch, aber eben immer seltener. Sie zu finden bedarf es vieler Kilometer und freundlicher Gespräche. Lupinc in Prepotto/Praprot keltert nicht nur einen typischen Vitovska, der nach

Karst duftet und schmeckt, er betreibt auch einen Agroturismo, wo man diesen verkosten und anständig essen kann. Den besten Terrano fanden die beiden Freunde schließlich jenseits der Grenze, zwischen Dutovlje und Komen, in seiner eigentlichen Heimat. Es lohnt sich zum Beispiel der Umweg nach Brje, wo Marko Fon einen der feinsten Teran der Gegend keltert, aber auch einen fröhlichen Vitovska. Und weil sie schon in der Gegend waren, fuhren die Freunde noch ein paar Kilometer weiter nach Merce bei Sesana, um unauffällig Tagliolini mit Trüffeln zu verzehren.

Mit dem Beitritt Sloweniens zur EU ist das Reisen in dieser Gegend entscheidend leichter geworden. Auch die kleinen Grenzübergänge stehen offen, zumindest tagsüber. Nächtens kann es schon passieren, daß man in Merna oder Zolla vor einer verschlossenen Schranke zum Stehen kommt, sich ein bißchen an den Kalten Krieg erinnert, schließlich umkehrt und den Weg zur Autobahn erfragen muß.

Auf der italienischen Seite entwickelt sich seit ein paar Jahren die Situation nicht nur zur Freude der stillen Genießer. So wie immer mehr Triestiner ihre Designervillen in den Karst bauen lassen und damit das Landschaftsbild prägen, so verändert sich auch dessen gastronomische und önologische Struktur. Der Reisende darf sich nicht wundern, wenn er in einem versteinerten Nest plötzlich auf eine Enoteca trifft, wo Wein in Riedel-Gläsern serviert wird, Langusten auf der Speisekarte stehen und goldbehangene Damen ihren Herren Salz auf die Seidenkrawatte streuen, weil diese mit dem Terrano gekleckert haben. An dieser Entwicklung trägt aber nicht nur die regionale Upperclass Schuld. Mehr noch als diese verändern die nordalpinen Gourmets das Gefüge, indem sie Land und Leute immer fester ans Herz drücken. Wie man weiß, sind Umarmungen selten selbstlos. Den Collio hat man schon in Besitz gebracht. Nun ist eben der Karst dran.

Der Karst ist exotisch. In Asti und Alba war schon jeder. In Cormòns sowieso. Aber in Sgonico? Das klingt ganz schön exclusiv. Aber wie das nun einmal so ist mit den Geheimtips: irgendwann kennt sie jeder, und alle sind da, fühlen sich als kulinarischer Columbus, wie auch die zahlreichen Journalisten, die der Salame und sich selbst ein publizistisches Denkmal setzen. Dann ist es an der Zeit für die wenigen, die einfach und gut leben wollen, sich nach anderen Destinationen umzusehen, die immer seltener werden.

Der Schauspieler und der Poet konnten sich auf ihren Reisen manchmal nicht des Eindrucks erwahren, daß auch manche Weinbauern nicht mehr für sie beide tätig sind, um ihren Durst zu stillen und ihnen Genuß zu bereiten, sondern für die einschlägige Fachpresse auf Hochglanzpapier. Auch hegten sie manchmal den Verdacht, daß viele Wirte sich weniger um die Gaumenfreuden zweier hungriger Wanderer kümmern als um eine Klientel, die willens und finanzstark genug ist, die Hypothekarzinsen für den Umbau der Osteria in ein Restaurant kritiklos zu übernehmen. Aber das ist wohl ein globales Problem.

Was es im Karst sonst noch alles gibt

Der Karst macht es dem Reisenden nicht leicht, ihn zu entdecken. Das liegt nicht nur an seiner schroffen Struktur. Die meisten fahren durch ihn, an ihm vorbei, halten erst wieder in der Zivilisation. Wanderwege sind – wenn überhaupt – schlecht beschildert, ebenso fehlt es meist an Hinweisen auf historische oder topographische Kleinodien. Die Gegend war schon in der Frühgeschichte besiedelt. „Castellieri", also Befestigungsanlagen, findet man in Slivia, Rupinpiccolo und Monrupino sowie oberhalb von Muggia in Elleri. Die Steinbrüche von Aurisina – seit zweitausend Jahren in Betrieb – sind mit ihrer Tiefe von über 120 Meter äußerst imposant. Sie lieferten über die Jahrhunderte Marmor für venezianische Palazzi, Wiener Ringstraßen-Architektur und für den alten Hafen von Triest. Aus der Römerzeit sind Grundmauern von

Gebäuden erhalten sowie die Reste einer Art Rutsche, über die man die Steinblöcke zum Meer hinunterließ, wo sie von einer Mole aus – auch ihre Rudimente sind noch erkennbar – zu den diversen Bauplätzen des Imperiums verschifft wurden. Auch heute noch wird in Aurisina Stein geschnitten.

Sehenswert sind die zahlreichen Höhlen; nicht nur die berühmte, öffentlich zugängliche „Grotta Gigante" bei Opicina. Will man die anderen, etwa in Aurisina oder Trebiciano, besichtigen, muß man sich an das „Museo Civico di Storia Naturale di Trieste" wenden. Es gibt auch einige nicht ungefährliche Dolinen sowie die berüchtigten „Foibe" von Basovizza, die Reste eines verfallenen Steinkohlebergwerks, in welchem die Konfliktparteien in den Wirren am Ende des Zweiten Weltkriegs politische und militärische Gegner quasi „entsorgten". Ein Denkmal erinnert daran.

Aber auch auf der Erdoberfläche gibt es genug zu sehen: zum Beispiel von der „Vedetta Scipio Slataper" in Santa Croce. Diese, benannt nach dem unglücklichen, im Ersten Weltkrieg gefallenen slowenisch-italienisch-österreichischen Dichter, bietet einen atemberaubenden Rundblick über den Golf von Triest. Wer sich für die Kulturgeschichte der Bevölkerung des Karstes interessiert, sollte unbedingt die „Casa Carsica" in Rupingrande besuchen und wenigstens einmal an der „Nozze Carsica", der Karsthochzeit, teilnehmen, welche nur alle zwei Jahre Ende August in und um Monrupino stattfindet. Eine Woche lang wird in traditionellen Trachten gefeiert und getanzt, bis die Braut endlich unter der Haube ist und die Osmizzen leer getrunken sind.

Eine Kuriosität sind auch die „Jazere", die Eisteiche des Karstes. Es gibt noch einige davon, unter anderem bei Zolla. Hier fiel im Winter die Temperatur weit unter null Grad Celsius. Also nutzte man die natürlichen Gegebenheiten, legte flache Teiche an, aus denen man Eisblöcke schnitt und in Kavernen namens „Stagno" lagerte. Hier, tief im Gestein, hielt das Gefrorene bis weit in den Sommer hinein und wurde je nach Bedarf in die Stadt transportiert, um frische Fische und Meerestiere zu kühlen.

Das Val Rosandra, welches die markante Grenzlinie zwischen dem Triestiner Karst und Istrien bildet, ist ein großartiges Naturschauspiel, eine Schlucht, die als Schauplatz auch manchem Italo-Western zur Ehre gereichte. Es ist darüber hinaus ein Paradies für Kletterer. Wer kein Vergnügen an Turnübungen in überhängenden Wänden hat, kann die Kirche von San Lorenzo besuchen, eine der ältesten Norditaliens, oder die von Sta. Marija in Siaris, deren Errichtung auf eine Stiftung Karls des Großen zurückgeht. Für den Besuch letzterer ist allerdings Trittsicherheit und Schwindelfreiheit von Vorteil. Wer nicht darüber verfügt, sollte einen gemütlichen Spaziergang durch die alten Föhrenwälder machen, von San Lorenzo nach Draga Sant Elia, wo er eine nette Trattoria findet, wohin die Triestiner Liebhaber von Schnecken und Froschschenkeln pilgern. Wer so etwas nicht mag, kann sich an einfachen, aber guten Wildgerichten gütlich tun.

San Pelagio

Der Poet und der Schauspieler waren lange unterwegs gewesen, hatten viel gesehen und sehnten sich nach einem ruhigen Ausklang des Tages, ungefährdet von lauten Zechern und professionellen Gourmets. Sie überlegten. Da fiel ihnen eine winzige Gastwirtschaft in San Pelagio ein, das auf slowenisch Sempolaj heißt, einer kleinen Ortschaft, welche zum Gemeindegebiet von Duino-Aurisina gehört und die von ihrem jungen Freund Andrea geführt wird.

Es gibt auf dieser Welt magische Orte. San Pelagio ist einer von ihnen. Die Gassen in diesem Karstdorf sind äußerst eng; kein Autobus kann hier passieren. Die alten, mit Steinschindeln gedeckten Häuser sind ineinander verschachtelt, mit übermannshohen Mauern umgeben und verbunden. Verschlossene Tore und fensterarme Fassaden erwecken den Eindruck, daß man sich in einer Befestigungsanlage befindet, welche über Jahrhunderte der bitteren Geschichte und der harten Bora trotzte. Nur da und dort schmückt eine Madonna oder ein Kruzifix das verwitterte, graue Gemäuer. Menschen sieht man so gut wie nicht.

Plötzlich öffnen sich die Gassen zu einem kleinen Platz, einer Art Terrasse, die gegen Süden ragt, auf dem eine Kirche aus dem 15. Jahrhundert steht, wehrhaft auch sie. Sie ist umrahmt von mächtigen Kastanien und Linden, auch diese jahrhundertealt. Das Gotteshaus ist außer zu den spärlich stattfindenden Messen geschlossen. Die beiden Freunde haben es besichtigt, weil der Pfarrer von Duino bei einem Kollegen den Schlüssel organisierte. Es ist im Inneren ein äußerst schlichter Bau, aber gerade darin beeindruckend. Kein Stuck, kein Zierat lenkt die Blicke ab. Ein Gotteshaus eben, wo seit Jahrhunderten Menschen um eine gute Ernte und gesunde Nachkommen gebetet haben.

Vor der Kirche, im Schatten der Bäume, befindet sich der verwitterte Dorfbrunnen, der über hundert Meter tief sein soll, vor Jahrhunderten mit Händen und primitivem Werkzeug ins Gestein des Karstes geschlagen. Sonnseitig befindet sich ein kleines, grasbewachsenes Plateau, umgeben von einem kniehohen Mäuerchen. Das ist der ehemalige Friedhof. Von hier aus sieht man das Meer. Man hat ein herrliches Panorama vor sich: die Ausläufer des Karstes, das nördliche Ende der Adria und die Pianura längs des Isonzo. Wenn manchmal im Winter über den Küstenregionen Nebel liegt, sitzt man hier in der Sonne.

Nebenan verrottet ein architektonisches Juwel: der ehemalige Pfarrhof. Er ist eines von vielen leerstehenden Gemäuern in der Gegend. Es fehlt einfach an Geld, um sie alle gemäß den Vorschriften des Denkmalschutzes zu renovieren.

Dorfseitig gegenüber der Kirche steht ein niedriges Gebäude, in welchem sich ein Lokal befindet, das „La Betola“ heißt, was nichts anderes bedeutet als Kneipe; in Wien würde man Beisl dazu sagen. Genau das ist es auch. Vor dem Haus stehen zwei grobe Holztische samt Bänken. Das Gastzimmer ist klein, bietet gut zwanzig Menschen Platz. Seine Einrichtung ist schlicht und etwas verspielt, erinnert an ein slowenisches Landgasthaus in den fünfziger Jahren, an damals, als das, was heute nur noch als Folklore existiert, echt war.

Andrea begrüßt seine Gäste mit herzlichem Händedruck; die Freunde umarmt er. Bevor man sich setzen kann, will er wissen, wie es einem geht, was man tut und was man erlebt hat. Man redet. Kaum sitzt man, steht als Willkommen ein Glas Prosecco vor einem. Man trinkt auf die Gesundheit, das Leben, die Freunde. Erst dann ist der Padrone bereit, über die mögliche Speisenfolge Auskunft zu geben. Fisch oder Fleisch? Es gibt beides, denn genau hier ist die Grenze zwischen den kulinarischen Kulturen. Wie wäre es mit „Sardoni in Savor“? Oder mit frischen Scampi aus Istrien? Gegrillt oder „alla Bùžara“? Vom Nebentisch duftet ein mit Rosmarin gebratenes Thunfischsteak herüber. Oder doch lieber Fleisch? Ja, den beiden Freunden ist heute nach tierischen Genüssen.

Zum Zeitvertreib kommt ein kleines Stück „Frittata ai funghi“ auf den Tisch, dann ein frischer Ziegenkäse aus Sales, und schließlich wird eine eben zubereitete „Tartara di manzo“ serviert, das beste Beef Tartar weit und breit, leicht pikant, dazu Crostini und frische Butter aus dem Karst. Die Auswahl an Primi Piatti ist klein, aber schwierig, wenn man weiß, wie gut sie sind. Der Schauspieler einigte sich mit sich selbst auf „Zlikrofi“. Der Poet wählte sein Leibgericht: „Strozzapreti con sfilacci di cavallo“. Eigentlich waren sie schon satt. Aber nun gab es zunächst eine Kostprobe von zartestem „Vitello tonnato“ und anschließend „Roastbeef all’Inglese“. Die beiden Freunde mußten nun abwinken. Da halfen der Pinot Grigio und der Refosco nicht mehr zur Verdauung. Als Zwischengericht mußte eine Grappa her, in deren

Geist sich alle guten Vorsätze bezüglich gesünder leben im Nu auflösten.

Nun war es an der Zeit, eine kurze Pause einzulegen und eine Runde durchs Dorf zu ziehen. Dabei kam ihnen der Photograph entgegen, der auf Motivsuche gewesen war und ihnen mitteilte, daß er Hunger habe, und flugs ins Lokal verschwand. Angewidert von solcher Essensgier wandten sie sich ab und gingen gemächlichen Schrittes fürbaß, ohne viel zu sprechen. Als sie in die „Betola" zurückkehrten, saß ihr Freund bei Tisch vor einer „Grigliata mista", die ausgereicht hätte, eine mehrköpfige Familie von Forstarbeitern zu sättigen: hausgemachte Cevapcici, Huhn, Kalbskotelett und „bistecca", dazu Spinat und knusprige Bratkartoffeln. Als sie ihm so beim Essen zusahen, waren sie geneigt, aus Solidarität noch eine Grappa zu kippen. Doch sie hielten sich im Zaum und erwarteten das Dessert: „Le Zavate".

„Zavate" ist Dialekt und bedeutet „Ciapatte", also auf deutsch: Schlapfen. Es gibt auch eine Brotsorte dieses Namens, welche aber mit diesem Dolce absolut nichts zu tun hat. Denn dieses heißt auf italienisch „Millefoglie" und weiter im Norden „Cremeschnitte", wird aber im Karst zwischen Görz und Triest auf ganz einfache Art und besonders gut zubereitet.

ZAVATE

Man rollt Blätterteig so dünn wie möglich aus, schneidet ihn in vier gleichmäßige Stücke, die man ein paar Minuten im Rohr bäckt. Dann bereitet man die Creme vor: Eidotter werden mit Zucker schaumig geschlagen und anschließend auf kleines Feuer gesetzt. Unter ständigem Rühren mit einem Schneebesen fügt man nach und nach ein wenig Mehl bei, bis eine gleichmäßige Masse entsteht. Diese läßt man abkühlen und schlägt sie mit ein paar – auf Raumtemperatur gebrachten – Butter-

stücken auf und montiert eine homogene Creme. Diese streicht man nun auf eine Teigfläche, drückt vorsichtig die nächste darauf, die wiederum satt mit Creme bestrichen wird. So fährt man fort, bis man die letzte Schicht Blätterteig aufgebracht hat, welche nur noch dick mit Staubzucker berieselt wird. Vor dem Verzehr werden die Zavate einige Stunden gut gekühlt.

Was der Creme sonst noch an Ingredienzien beigefügt wird, ist das Geheimnis der KöchInnen. Manche würzen mit Vanille, manche mit einer Prise Kardamom, andere geben etwas geriebene Zitronenschale dazu. Man hört auch davon, daß mit der Butter etwas Mascarpone schaumig gerührt wird. In jedem Fall, und vor allem in San Pelagio, ist das eine Köstlichkeit, für die es sich lohnt, vorher einen Gang auszulassen.

Die letzten Gäste waren schon gegangen. Auch der Photograph, der Schauspieler und der Poet waren müde vom Essen. Da kam Andrea, stellte einen Teller mit frischen Feigen auf den Tisch und setzte sich zu ihnen.

„Feigen im Karst?“ fragte der Schauspieler irritiert.

Andrea lächelte. Wo denn sonst, meinte er, bis zu dreimal im Jahr könne man sie ernten. Die im September seien die besten. Sie kosteten, ihre Gesichter verklärten sich, und sie saßen noch lange mit Feigen, Grappa und dem Wirt.

Öl aus den Steinen

Wer vom Karst das übliche Bild einer trostlosen Steinwüste hat, irrt gewaltig. Er bedenkt nicht, daß die wenige verbliebene Erde dank ihres Mineralstoffgehalts äußerst fruchtbar ist. Erst recht bringt kaum jemand diese Landschaft mit Olivenkultur in Verbindung.

Nun waren die beiden Freunde auf ihren kulinarischen Exkursionen immer wieder mit Olivenöl aus dem Karst konfrontiert und wollten endlich sehen, wo es wächst und wie es gepreßt wird. Als Destination wählten sie die Azienda Agricola von Vitijan Sancin, die in San Dorligo della Vale – slowenisch Dolina – zu finden ist, in der von Triest aus betrachtet ersten Ortschaft des istrischen Subkontinents.

Von der unappetitlichen Industriezone, hinter der stillgelegten Raffinerie von Aquila und dem Koloß der Fabrik „Grandi Motori", windet sich eine schmale Straße hügelan, welche nach San Dorligo führt. Ein paar Dutzend Häuser, zwei, drei Wirtschaften werden von einer Kirche überragt, deren Turm unnötig hoch erscheint, weil das Gebäude ohnehin über der Siedlung steht. Blickt man von ihrem Vorplatz hinunter, so fällt ein wesentlicher Unterschied zu anderen Karstdörfern auf. Die alten Häuser sind nicht mit Stein, sondern mit Ziegeln gedeckt. Das mag seine Ursache in der Geschichte haben. Hier endete die slawisch-habsburgische Besiedlung, hier begann das Reich der Serenissima, das sich bis in die Levante erstreckte und das seinen Wohlstand auch in Form von Baumaterialien auszudrücken wußte. Hinter dem Dorf – nur zwei, drei Kilometer Luftlinie vom Meer entfernt – erheben sich die Hügel bis auf über 400 Meter Seehöhe.

Dort kletterten die Freunde herum, freuten sich über das Panorama und hörten bald auf, die Olivenbäume zu zählen. Es dürften Phönizier und Griechen gewesen sein, welche die ersten Pflanzen hierherbrachten, die von den Römern weitergepflegt wurden. Plinius und Martial schwärmten vom Öl aus „Tergeste". Im Mittelalter und auch noch zu Zeiten Maria Theresias bildete dieses Produkt neben dem Wein einen wesentlichen Bestandteil des Handels in der Hafenstadt. Der jahrtausendealten Kultur bereitete eine klimatische Katastrophe ein jähes Ende. Im Winter 1929 erforen fast alle Bäume; die restlichen Bestände litten unter den Kriegswirren. Das führte dazu, daß eine Ölmühle nach der anderen schloß, die letzte 1958. Erst Anfang der achtziger Jahre besannen sich ein paar engagierte Landwirte der Tradition und legten neue Olivenhaine an. Einer von ihnen war Vitijan Sancin, der kurzerhand 2000 Bäume am Monte Usello, dem Vogelberg, pflanzte, welcher auf slowenisch „Celo" heißt, wie er den beiden Freunden bei einem Glas Wein erzählte.

„Dann kommt also der Begriff gar nicht von ‚himmlisch!' stellte der Poet fest.

„Aber es schmeckt so!" entschied der Schauspieler, träufelte noch etwas von dem köstlichen Öl über den Käse auf seinem Teller und tunkte den Rest mit einem tüchtigen Stück Brot auf. Der Hausherr aber öffnete noch eine Flasche Glera, und sie saßen und redeten von Öl und von Wein und vom Karst, bis es dunkel wurde.

Auf und ab im Collio

Zu ebener Erde und auf den Hügeln

Um von Duino aus in den Collio zu gelangen, gibt es drei Wege, die durch unterschiedliche Landschaften und Kulturkreise führen. Die Diretissima ist die Staatsstraße über Monfalcone Richtung Udine. Sie weckt sowohl im Schauspieler als auch im Poeten wehmütige Erinnerungen an die Reisen der Kindheit und später mit den ersten Lieben. Hier wälzte sich – als es die Autobahn noch nicht gab – der Urlauber- und Schwerverkehr in beide Richtungen. Zwischen den mit Holz, Stein und Waren aller Art schwer beladenen alten Fiat-Lastern waren sie eingekeilt: die Sonnenhungrigen in ihren PS-schwachen Vehikeln. An Überholen war nicht zu denken. So schmorten die Familien in ihren Käfern, Cinquecentos und DKWs, auf deren Dächern sich Campingausrüstung und Schlauchboot türmten. Besser hatten es die Besitzer von Motorrollern und Beiwagenmaschinen. Der Fahrtwind kühlte die Herren mit Lederhaube und die Damen mit Kopftuch auf dem Sozius. Helme hatten damals nur die Rennfahrer. Später, mit der ersten Braut, fuhr man schon mit mehr PS, konnte und wollte aus Prestigegründen das eine oder andere waghalsige Überholmanöver auf den schnurgeraden Straßen riskieren.

Entlang dieser Straße gab es zahlreich barackenähnliche Buden, wo Melonen, Wein und Salame verkauft wurden. Ein paar davon sind erhalten geblieben und erfreuen sich bei Lastwagenfahrern und Einheimischen nach wie vor großer Beliebtheit. So gibt es etwa an der SS 305 kurz vor der Abzweigung nach Cormòns bei Angoris noch zwei derartige Gaststätten, die natürlich nicht mehr ganz so schlicht sind wie in den sechziger und siebziger Jahren, als die beiden Freunde als

Kinder und als junge Männer hier einkehrten. Die eine Baracke sieht aus wie eine elegante Schihütte und gehört zum Weingut Angoris, was zur Folge hat, daß es hier anständige Weine gibt, aber auch stets frischen gekochten Schinken, würzige Mortadella und passable Käse. Der Reisende, den nachmittags, wenn alle Trattorie und Ristoranti der Gegend geschlossen sind, der spontane rote Hunger überfällt, kann getrost hier einkehren. Hier hat man schon Spitzenwinzer des Collio bei einer „merenda" und einem „tajut" gesehen, die aber in diesem Fall unerkannt bleiben wollen.

Der Schauspieler und der Poet wählten jedoch eine andere Straße. Sie bogen nach Duino bei den Toskanischen Wölfen Richtung Görz ab, fuhren in das „Vallone", das „Große Tal". Auch durch dieses gelangt man in den Collio. Die Strecke ist teilweise reizvoll, teilweise trostlos. Prächtige Pinien und Zypressen säumen die Fahrbahn, die plötzlich wieder durch rauhes Karstgestein läuft und von der aus sich immer wieder Ausblicke auf aufgelassene Militärfriedhöfe und Partisanendenkmäler ergeben. Man fährt durch siedlungsarmes Gebiet, einen Landstrich, dem die Kriege des 20. Jahhunderts heftig zugesetzt haben. Kaum waren die ersten Gräser über die Wunden gewachsen, welche die Granaten der Isonzo-Schlachten in den dünnen Humus gerissen hatten, marschierten hier Wehrmacht und SS, errichteten Tafeln mit der Aufschrift „Achtung! Banditen!", verhafteten alle Männer zwischen siebzehn und siebzig und erschossen, wer sich widersetzte. Kaum war dieser schreckliche Spuk verschwunden, ging hier der Eiserne Vorhang nieder, und Kasernen und Wachtürme markierten deutlich, daß hier eine Grenze zwischen zwei Welten verlief. Noch heute sind auffallend viele Polizei- und Militärstreifen unterwegs, denn tagtäglich versuchen Menschenschieber Flüchtlinge aus den Oststaaten, Asien und Afrika über die grüne Grenze zu schleusen. Das Vallone kommt nicht zur Ruhe, es ist ein verwunschenes Tal. Kein Wunder, daß jeder, der die Chance hatte, von hier wegzog.

Die beiden Freunde fuhren nur bis Jamiano, bogen dann links in eine unscheinbare, kurvenreiche Straße ein, welche durch die Macchia nach Doberdo führt. Zunächst aber kommt man am „Lago di Doberdo“ vorbei, einem geheimnisvollen See, der in der Regenzeit beachtliche Ausmaße annimmt, im Sommer hingegen manchmal verschwindet, obwohl er weder einen sichtbaren Zu- noch Abfluß hat. Seine Oberfläche liegt nur sechs Meter über dem Spiegel des Adriatischen Meeres, mit dem er in direkter Verbindung steht. Von ihm aus sieht man bereits gut hundert Meter höher den Kirchturm des Ortes aufragen. In Doberdo gibt es immer wieder nette Osmizzen, einen Agroturismus und auch eine ausgezeichnete Trattoria namens „Da Andrea“. Hier wird die traditionelle slowenische Karstküche zelebriert, aber um den Hauch feiner und eleganter, der sie auch für verwöhnte Mitteleuropäer attraktiv macht. Vor allem die hausgemachten Gnocchi oder Crespelle mit Füllung je nach Jahreszeit prägen sich in die kulinarische Erinnerung ein.

Aber noch war es nicht Zeit zum Essen, und der Poet erzählte dem Schauspieler vom legendären „Carneval di Doberdo“, wo alljährlich am Aschermittwoch „Stic Lovre“ zu Grabe getragen wird, begleitet von einem falschen Pfarrer und als Frauen verkleideten jungen Männern, die sich als seine Witwen ausgeben. Der Leichnam – eine Puppe mit einem mächtigen Glied in Form eines Maiskolbens – wird von Haus zu Haus geschleppt, die Witwen werden mit Wein und Grappa getröstet, und wenn der Verblichene endlich auf dem Scheiterhaufen landet, ißt, trinkt, tanzt und singt das ganze Dorf bis weit in die kalte Februarnacht hinein.

Bei der Kirche bogen sie Richtung Sagrado ab, San Martino und die Schlachtfelder des Monte San Michele ließen sie rechts liegen. In dieser Gegend, in einer Ortschaft namens Devetac, ist auch ein gleichnamiges Restaurant zu finden, das sicher zu den feinsten des Karstes gehört, mit den besten und teuersten Etiketten der Region aufwartet, aber eben keine einfache Gostilnja mehr ist wie damals, als Großmutter kochte und Großvater den Wein in Krüge füllte.

Sie fuhren durch das menschenleere Hochplateau mit seinen verstreuten Weingärten, Kartoffeläckern, steppenartigen Wiesen und wild wachsenden Feigenbäumen. Plötzlich tat sich der Blick auf den Collio auf, von Cormòns bis Görz, im Hintergrund das Massiv des Matajur, ganz in der Ferne die schneebedeckten Julischen Alpen. Sie blieben stehen, genossen das Panorama und begannen Feigen zu pflücken. Das war das erste Mal, daß der Schauspieler den Rucksack des Poeten lobte. Dann machten sie sich wieder auf über die kurvenreiche Straße hinunter nach Sagrado, besichtigten das imposante alte Wehr am Isonzo, von wo aus sie dem Fluß durch das wildromantische Tal stromaufwärts folgten. Wo der Vipacco, der weit oben im Slowenischen am Fuße der endlosen Wälder von Ternova als Vipava entspringt, in den Isonzo mündet, steht das alte Castello Rubbia, das einst einem österreichischen Adelsgeschlecht gehörte, im Ersten Weltkrieg schwer beschädigt wurde und seither bedauerlicherweise vor sich hin verfällt. Von hier aus schlugen sie die Straße Richtung Görz ein, fuhren an der Stadt vorbei, überquerten den Isonzo und gelangten nach San Floriano, das auf dem Gipfel der östlichsten Hügel des Collio liegt, um dort einen alten Bekannten, den Grafen Leonardo Formentini, zu besuchen, dessen Familie ein Restaurant, ein Hotel und einen Golfplatz betreibt. Sie erwarteten sich Ezzes, denn auch er ist ein Freund einfacher Genüsse und ist immer wieder in diversen Osmizzen anzutreffen oder auf einer Boccia-Bahn, wo er mit den Pensionisten „Briscola“ spielt, ein Kartenspiel, das mit dem alpinen Schnapsen durchaus vergleichbar ist.

Blick von oben herab

Was ist: Einfach gut? Leonardo hielt sein Glas Tocai gegen das Sonnenlicht. Das sei eine der ganz schweren Fragen. Dabei sei es so einfach, gut zu leben. Hausgemachte Tagliatelle mit Butter zum Beispiel, dann eine über Rebholz und wilden Kräutern geräucherte Forelle, ein Stück Gubana, gebacken von der Schwiegermutter des Gärtners. Und ein Glas Tocai dazu. Aber damit werde die Sache schon schwierig. Denn der Tocai darf nicht mehr Tocai heißen, seit die Ungarn diesen Produktnamen für ihren Tokajer beansprucht und die Causa vor dem Europäischen Gerichtshof gewonnen haben. Ein Fehlurteil, meint der Graf, denn es seien seine Vorfahren gewesen, welche die Rebe von hier nach Ungarn gebracht hätten. Immerhin heiße diese im Volksmund wie dort „Furmint". Nur die Vinifikation sei eine völlig unterschiedliche. Nun wird also das Getränk, welches seit Jahrhunderten Tocai heißt, sich „Collio bianco" nennen müssen. Es sei ebenso absurd, sagte er, als wenn man den Österreichern den Gebrauch des Markennamens „Veltliner" untersagen würde, weil die Rebe aller Wahrscheinlichkeit nach aus dem Valtellina kommt, also aus Italien.

Aber wie solle auch ein vereintes Europa funktionieren, fragte er so nebenbei, während er seinen Gästen nachschenkte, wenn auf dem Monte Sabotini auf slowenischer Seite noch immer groß wie ein Fußballfeld und weithin sichtbar „Nas Tito" zu lesen sei, also „Es lebe Tito". Die Schrift wurde übrigens anläßlich der EU-Erweiterung 2004 erneuert. Es sei die Politik, die Spannungen konstruiere. In San Floriano brauche nichts erst zusammenzuwachsen, die Kultur sei authentisch multiethnisch. Der Bürgermeister ist Slowene, die Gäste sind hauptsächlich Österreicher und Italiener, die Küche friulanisch. Weingärten, Olivenhaine und Obstkulturen haben in puncto Qualität und Ertrag nie auf die Grenze oder politische Systeme Rücksicht genommen. Auch die Wildschweine und Rehe nicht, die da wie dort auf dem Speiseplan stehen. Damit kann man gut leben. Einfach gut.

So sieht auch die Speisekarte für die großen Bankette aus, von denen das Haus lebt. Denn im alten Castello Formentini – beziehungsweise den Baulichkeiten, welche den großen Krieg überstanden haben – werden Hochzeiten, Taufen und Jubiläen gefeiert, meist Gesellschaften von hundert Personen. Es ist kein Schauplatz für ein intimes Tête-à-tête – dazu zieht man sich besser ins Hotel nebenan zurück und läßt sich Prosecco und ein paar Happen aufs Zimmer bringen, sofern man überhaupt Appetit hat.

Bei aller Noblesse haftet dem Castello Formentini nichts Mondänes an, wie es ähnliche Häuser in der Toscana oder Österreich gerne hervorkehren. Es strahlt vielmehr die Heiterkeit des friulanischen Landadels aus, welche auch alle Mitglieder der Familie vermitteln. Der Schauspieler hatte zunächst nicht verstanden, weshalb ihn der Poet, der ständig edle Einfalt und stille Größe predigte, ausgerechnet in dieses vornehme Anwesen führte. Was hatte das mit ihrem Buch zu tun? Als sie dann mit dem Grafen in der Bibliothek standen, begann er zu verstehen. Hier hatte der leptosome Freund, der seinen durchaus vorhandenen Hedonismus stets hinter Feinsinnigkeit zu verbergen weiß, schon etliche Feste mit Freunden gefeiert. Es handelt sich um einen schlichten Raum im ersten Stock, etwa acht mal acht Meter groß und fast ebenso hoch. Die Wände sind mit alten Holzregalen verbaut, gefüllt mit Hunderten Büchern, Folianten und Broschüren aus drei Jahrhunderten. Auch Literatur, die Gäste im Hotel zurücklassen, wird hier archiviert. Man findet so ziemlich alles von Dante über Rilke bis Umberto Eco, und das auf Italienisch, Französisch, Englisch und Deutsch. Die Zeit zwischen den Gängen läßt sich mit literarischen Höhenflügen vertreiben. Man liest einander vor oder fühlt sich zumindest veranlaßt, im Tischgespräch dem Anspruch des Ambientes gerecht zu werden. Das sei doch auch der Sinn des gemeinsamen Mahles, daß man die Ideen teile wie den Braten. Man brauche dazu nur Menschen, die verstünden, daß brillante Gedanken und ein in Butter geschmorter Rehrücken absolut nichts Elitäres an sich haben, sondern Lebensmittel seien. In seinen Visionen geht der Poet von der klassischen Abendmahl-Konstellation aus. Zwölf Personen, sagt er, seien die Idealbesetzung für diesen Raum.

Die Bibliohek hat auch einen kleinen Altan, von dem aus man Richtung Görz blickt. Sie traten hinaus, sprachen über das ehemalige „österreichische Nizza". Von dem, was auf den Ansichtskarten der Belle Epoque abgebildet ist, ist wenig geblieben. Es ist eine Stadt am Rande der Welt und der Zeiten, die ihre jahrzehntelange Teilung erst wird überwinden müssen. Daran hat auch der Beitritt Sloweniens zur EU noch nichts geändert. Wer mit dem Zug von Laibach kommt und nach Italien weiterwill, hat nach wie vor beträchtliche Schwierigkeiten, pünktlich von einem Bahnhof zum anderen zu gelangen.

Kulinarisch bietet die Stadt wenig Attraktionen, sieht man davon ab, daß in manchen Häusern die altösterreichische Küche zelebriert wird. „Gnocchi di gries" schwimmen in der Suppe, Gulasch und Kaiserfleisch samt Kraut und Knödeln werden angeboten und natürlich Strudel in allen erdenklichen Variationen. Auch im Görzer Dialekt finden sich heute noch mehr Austriazismen als in dem von Triest. Die Burg selbst und der Blick, der sich von ihr bietet, lohnen den Besuch allemal. Auch die in der Altstadt erhalten gebliebenen Palazzi derer von Werdenberg, Lantieri, Strassoldo oder Attems und nicht zuletzt die Synagoge erinnern an einstige Bedeutung und Reichtum der Stadt. Man habe Görz zu lange Zeit einfach vergessen, sagte Leonardo.

Wein, so weit das Auge reicht

Vom Castello di Formentini blickten sie Richtung Westen über den Collio: auf die Hügel und über die Ebene. Bis an den Horizont reiht sich ein Rebstock an den anderen, durchsetzt von Obstkulturen und ein wenig Ackerland. Aus dem satten Grün ragen da und dort die Häuser der Weinbauern hervor. Die Gegend ist dünn besiedelt. Hier wohnt keiner, der nicht Land sein eigen nennt und Wein produziert.

Wenige Anwesen sind verfallen, einige bescheiden zu nennen. Dazwischen sieht man sehr stattliche Gehöfte und auch das eine oder andere Schloß. Die Architekturen spiegeln die Struktur des Weinbaus. Einerseits gab und gibt es noch immer Winzer, die auf wenigen Hektar geringe Quantitäten produzieren, oft nur für den Gebrauch in der eigenen Wirtschaft oder für eine Handvoll Osterie in Görz oder Cormòns. Daneben gibt es kleine bis mittlere Betriebe, deren Produkte sich sowohl bei privaten Abnehmern als auch in der Gastronomie so großer Beliebtheit erfreuen, daß die gesamte Kapazität verkauft ist, bevor die Lese begonnen hat. Bei denen ist nur was zu holen, wenn irgendwer vergaß, daß er vor drei Jahren jeweils drei Kartons Pinot, Sauvignon, Merlot und Cabernet bestellt hat, und die Ware im Keller Platz verstellt. Aber das kommt selten vor. Und schließlich ist die Gegend die Heimat der ganz großen Namen. Marco Felluga etwa ist mit seinem eleganten Weingut „Russiz Superiore“ hier zu finden; unweit davon die „Villa Russiz“, einst der Wohnsitz des Conte Theodore de La Tour, welcher um 1860 französische Rebsorten samt der dazugehörigen Weinkultur ins Land brachte, wo bis dahin vorwiegend Obst und Gemüse angebaut worden waren.

Der Schauspieler und der Poet überlegten eine Strategie: Sollten sie von Ost nach West oder von West nach Ost verkosten, von oben nach unten oder umgekehrt? Schließlich einigten sie sich darauf, einfach loszufahren. Sie verabschiedeten sich von Leonardo, stiegen ins Auto und kurvten hügelab, hügelan, um Pfirsichbäume und altes Gemäuer herum und taten so, als hätten sie ein Ziel.

Am schönsten ist die schmale Straße, die dem Verlauf der Grenze folgt und schließlich nach Cormòns führt. Von ihr eröffnen sich dem

Reisenden immer wieder faszinierende Ausblicke sowohl in den italienischen als auch über den slowenischen Collio, welcher dort Goriska Brda heißt. Immer wieder trifft man auf Schilder, die zu den Weinbauern weisen. Mitunter lohnt sich ein spontaner Abstecher; in der Regel ist es aber angebracht, die Telefonnummer zu erfragen und eine „Degustation" zu vereinbaren. Auch angenehme Gaststätten findet man entlang dieser Route, wie „Dvor" oder „Vogric", dazu den einen oder anderen Agroturismo.

Neben Wein wird auch mancherorts Obst zum Verkauf angeboten. Unweit von Plessiva kosteten die beiden Freunde frische Pfirsiche und waren ausnahmsweise einer Meinung: Früchte dieser Qualität hatten sie seit ihrer Kindheit nicht mehr genossen. Duft und Geschmack waren einfach so sensationell, daß sie gleich eine ganze Kiste erstanden und erst hinterher rätselten, was sie zu zweit mit zwölf Kilo Obst anfangen sollten. Sie aßen einen nach dem anderen, während der Fahrt, im Gehen und im Stehen, bekleckerten dabei Hemden, Hosen und Schonbezüge. Die Kiste wurde nicht leerer. Sie haben die Pfirsiche anderntags in Duino verschenkt.

Sie besichtigten en passant das Castello di Spessa, dessen Backsteinarchitektur eher an Südengland denn an Norditalien erinnert. Es beherbergt einen Weinkeller, den neuen, schicken Golf- und Country-Club samt Bar und Restaurant sowie ein Gestüt und ist von Pferdekoppeln sowie einem 18-Loch-Golfplatz umgeben. Da die beiden Freunde auf Reisen meistens eher underdressed sind, beschränkten sie sich darauf, die Landschaft zu genießen. Auch sind beide im Rahmen ihrer sportlichen Aktivitäten über Minigolf nicht hinausgekommen, und ihr persönlicher Kontakt mit Pferden beschränkt sich aufs Kulinarische. So fuhren sie weiter und beschlossen, eine kleine Stärkung zu sich zu nehmen.

Die europäische Salame

Sie bogen ab nach Capriva, um zwecks Stärkung ein einfaches Lokal aufzusuchen. Zunächst fanden sie nur die zum Castello di Spessa gehörige Enoteca, wo distinguierte Weinliebhaber zwischen Hunderten großen Kreszenzen wählen können, die glasweise zur Verkostung kommen. Den Freunden aber war eher rustikal zumute, und sie suchten weiter. Der einzige Agroturismo des Ortes hatte Ruhetag. Ratlosigkeit und die gereizte Stimmung der Hungrigen machten sich zwischen ihnen breit.

Mit äußerst bescheidenen Erwartungen suchten sie schließlich eine Gaststätte gegenüber der Kirche auf, über deren Eingang ein Schild prangte: „Birreria & Gelateria". Davon ließen sich die beiden Freunde nicht irritieren. Ein Glas Wein würde es wohl geben hier, mitten im Collio, wohl auch ein Panino mit irgendwas drinnen. Als sie die Gaststube betraten – wo der unvermeidliche Fernseher lief und Pensionisten Karten spielten –, waren sie überrascht. Hinter der Bar reichte ein Regal vom Boden bis zur Decke, gut gefüllt mit allerlei Weinsorten in Bouteillen. Davor stand ein freundlicher Wirt und bot ihnen einen Tisch im Garten an, der hinter dem Haus gelegen und von gepflegtem Grün umgeben ist. Der Wirt erkundigte sich nach ihren Wünschen und kam kurz darauf wieder, stellte eine Flasche von seinem Tocai auf den Tisch, dazu eine Platte mit Salame und Käse. Letzterer war ein sehr reifer, schon fast orangeroter Montasio mit feinem, pikantem Geschmack, der auf der Zunge zerging. Ein Gedicht. Aber erst die Salame! Es war eine Wurst von stattlichem Durchmesser, fast so groß wie eine Sopressa, nicht zu mager, nicht zu fett. Gut gewürzt war sie, mit Knoblauch und schwarzen Pfefferkörnern, dabei aber nicht scharf, nicht zu hart und nicht zu weich – kurzum eine perfekte Friulaner Salame, wie sie einem immer seltener begegnet.

Natürlich mußte nun auch noch ein Glas Cabernet Franc probiert werden. Auch er war perfekt, nämlich einer, der seine Liebhaber begeistert und seine Gegner abstößt: von tiefroter Farbe, duftend nach Waldbeeren, aber von erdigem Geschmack.

Der Wirt wurde gelobt und lächelte zufrieden. Man kam ins Reden. Selbstverständlich sei die Salame hausgemacht. Aber noch etwas sollten die Gäste probieren. Er brachte einen Teller mit „lardo“, hauchdünn geschnitten, auf geröstetem, knusprigem Brot. Als er einen Moment wegsah, schob der Schauspieler seine Portion schnell auf den Teller des Poeten und tat so, als habe er schon gegessen. Denn „lardo“ entspricht in etwa dem, was man in Kärnten oder Oberösterreich als Kübel- oder Surspeck kennt. Es handelt sich dabei um gewürzten und gepökelten Nackenspeck, luftgetrocknet, der aus purem Fett besteht, welches bei stattlichen Schweinen sich bis zu zehn Zentimeter Dicke auswächst. Mit verklärtem Gesicht ließ sich der Dünne ein Blatt dieser Köstlichkeit nach dem anderen auf der Zunge zergehen, während sein Freund sich angewidert abwandte. Er lenkte sich ab, indem er sich mit dem Wirt unterhielt und nochmals die Salame pries.

Die Wurst werde es nächstes Jahr nicht mehr geben, sagte der Gastgeber bedauernd. Ob er in Pension gehe, wollte der Schauspieler wissen. Nein, entgegnete jener. Es gebe neue Gesetze, die irgendeine Kommission in Brüssel ersonnen habe. Nichts werde mehr sein wie zu Zeiten seiner Großeltern, von denen er gelernt habe, wie man Wurst macht. Es werde in Hinkunft alles reglementiert und kontrolliert, von der Fütterung der Tiere bis zu deren Verzehr. Er dürfe seine Schweine nicht mehr wie bisher mit gastronomischen Abfällen füttern, der Stall müsse komplett umgebaut werden, hygienisch verfliest samt automatischer Spülung. Das sei noch das geringere Problem. Aber die Schlachtung dürfe nur noch in Gegenwart eines gebührenpflichtigen Veterinärs und nicht wie früher im Hof erfolgen, sondern in einem eigenen Schlachthaus, welches ebenso bestimmten Vorschriften entsprechen müsse wie ein weiterer Raum für die Verarbeitung. Denn in der normalen Küche dürfe er keine Wurst mehr machen, es sei denn, er baue auch diese normgerecht zu einer regulären Fleischhauerei um. Nur wenn er all diese Auflagen erfülle, dürfe er seinen Gästen weiterhin eigene Salame anbieten. Bei den vier, fünf Schweinen, die er halte, sei dies ein Aufwand, der sich nie rechnen werde, es sei denn, der Gast ist gewillt, für einen Teller Wurst soviel zu bezahlen wie für einen ganzen Hummer.

Und dann? Wie werde es weitergehen, wollte der Schauspieler vom Wirt wissen.

Dann, sagte dieser, werde er eben wie die anderen auch die Salame im Großmarkt kaufen. Die mit dem EU-Gütesiegel.

Sie malten sich die Konsequenzen aus. Es geht bei solchen Gesetzen ja nicht nur um die Wurst. In den beiden Freunden keimte aber eine kleine Hoffnung. Vielleicht lassen sich nicht alle diese Entwicklung gefallen und bilden kulinarische Geheimbünde, wo man bei Nacht und Nebel in einem Versteck in den Hügeln noch so essen kann wie zu Großmutters Zeiten.

Besuch bei drei Freunden

Zwischen Capriva und Cormòns liegt auf einer Anhöhe ein Weiler namens Pràdis, der aus einem guten Dutzend Häusern besteht, allesamt kleine Winzer. Einer von ihnen ist Roberto Picéch. Seine Urgroßeltern kamen aus der Slowakei als Wanderarbeiter ins Land. Deren Sohn erwarb einen kleinen Weinberg, den Robertos Vater weiterkultivierte und vergrößerte. Dieser Mann hieß Egidio und wurde nicht nur wegen Tocai und Merlot zur Legende. Er war Partisan und auch sonst ein Rebell, woran noch heute auf den Etiketten ein Igel erinnert – italienisch „riccio" –, denn das war sein Spitzname. Er liebte die Frauen, den Wein und die Geselligkeit. So überließ er seinem Sohn schon früh den Weinbau und hielt in seiner „frasca" Hof, wo er Kastanien röstete, politisierte und rustikalen Charme verströmte.

Roberto erzielte mit den Reben auf dem kleinen und nicht unschwierigen Terrain immer bessere Ergebnisse. Er kaufte ein paar Barrique-Fässer und begann zu experimentieren. Sein Merlot wurde zum absoluten Geheimtip, seine Weißweine wie Tocai, Malvasia, Pinot Grigio und Sauvignon brachten es zu hohem Ansehen, vor allem aber sein „Vino passito". Nach wenigen Jahren schon fand man seine Produkte in den besten Lokalen der Region, aber auch in Wien, Mailand und Chicago. Nachdem sein Vater gestorben war, sperrte er die Buschenschank zu, um sich ausschließlich dem Weinbau widmen zu können. Der Erfolg gab ihm recht.

Als die beiden Freunde vor seinem Haus ankamen, erkannten sie es beinahe nicht wieder. Inmitten einer Mondlandschaft aus Erde, Schotter und Baumaterial war ein neuer Weinkeller im Entstehen, neben dem sich das alte Gebäude eher bescheiden ausnimmt. Auch ein Teil der Weingärten wurde gerodet und neu bepflanzt. Von dort kam Roberto mit einem kleinen Bagger angetuckert und zeigte ihnen stolz die kühne Architektur, die da im Rohbau vor ihnen stand. Dann bat er sie ins Haus. In der alten „frasca" öffnete er ein paar Flaschen, ließ sie verkosten und brachte Brot und Jause. Er habe sich zu diesem Schritt entschlossen, erzählte er, weil es im alten Keller nicht mehr möglich gewesen sei, Weine nach seinen Vorstellungen zu keltern. Die Vorrichtungen stammten alle noch aus einer Zeit, in der fast alles von Hand gemacht worden ist, als noch Erntehelfer die Trauben auf ihrem Buckel bis zur Presse schleppten. Außerdem habe ihn die Nachfrage nach seinen Weinen veranlaßt, noch ein paar Hektar zuzukaufen. Nun verlange auch die Quantität nach einer rationellen, zeitgemäßen Verarbeitung. An der Qualität werde sich nichts ändern. Zur Bekräftigung öffnete er eine Flasche seines „Bianco Jelka" – ein Weißwein-Cuvée, der nach seiner Mutter benannt ist –, für den er eine internationale Auszeichnung nach der anderen erhält.

VIETATO

Natürliches
Mineralwasser
OHNE KOHLENSÄURE
KAISER
WASSER

CRISMANI

Der Schauspieler und der Poet erhoben ihre Gläser auf das gute Gelingen des Unternehmens. Irgendwie waren sie sich nicht sicher, ob sie über den Lauf der Dinge glücklich sein sollten. Andererseits: Weshalb sollte ausgerechnet der Collio von einer Entwicklung verschont bleiben, die sich weltweit vollzieht, weshalb ihr Freund?

Der Wein war großartig. Sie wollten ein paar Kartons mitnehmen. Er sei ausverkauft, sagte Roberto, sogar der nächste Jahrgang habe bereits seine fixen Abnehmer. Schließlich fanden sich aber doch noch ein Karton Malvasia für den Schauspieler, einer für den Poeten und einer für den Pfarrer.

Das war entschieden zu wenig für die nächsten Monate und die durstigen Freunde in Wien. Sie berieten, wo sie in der Gegend noch ein paar gute Flaschen zu einem christlichen Preis erstehen könnten. Sofort fiel ihnen zu diesem Thema Robertos Cousin Edi Keber ein. Mit diesem verbanden sie die besten Erinnerungen, nicht nur an seinen vorzüglichen Sauvignon oder den vollmundigen Merlot, sondern auch an seine Gastfreundschaft. Sie beschlossen, ihn spontan zu besuchen. Roberto winkte ab. Der sei gerade auf einer Weinmesse in Amerika. Aber sie könnten es bei einem gemeinsamen Freund versuchen, bei Damian Princic.

Den kannten sie noch nicht. Also waren sie neugierig. Roberto beschrieb ihnen den Weg, und sie fuhren los. Wenn ein Winzer einen Kollegen empfehle, sagte der Schauspieler zum Poeten, so könne das nur Gutes verheißen. Ob das am Theater auch so sei, fragte dieser. Ja, entgegnete sein Freund, Oskar Werner werde immer wieder gerne empfohlen. Und der sei doch wirklich gut.

Sie irrten zwischen den endlosen Weinbergen herum und fanden Princic nicht. Sie fragten bei einem von einem knurrenden schwarzen Schäfer bewachten Bauernhaus. Die alte Frau, die öffnete, war im Gegensatz zu ihrem Hund sehr freundlich und fragte zurück, welchen Princic sie denn suchten. Jede zweite Familie heiße hier so.

Da fiel den Freunden der Vorname ein, und die Signora wies ihnen den Weg. Eine kleine Straße, eher ein asphaltierter Feldweg, zweigt unauffällig zwischen den Rebstöcken ab und windet sich zwischen Cabernet und Pinot Grigio hügelan. Auf halber Höhe liegt linker Hand das Weingut „Colle Duga", ein bescheidenes Anwesen direkt an der Grenze zu Slowenien bei Plessiva.

Rings um das Haus wachsen Kräuter, Kirschen und natürlich Wein; der Blick ins Land ist beeindruckend. Damian, ein kräftiger Mann mit strahlenden Augen, war bereits über den Besuch informiert und bat seine Gäste in den Keller. Rechtzeitig zur Verkostung war auch noch der Photograph erschienen, denn es galt eine Neuentdeckung zu dokumentieren. Das Tableau bestand aus Chardonnay, Pinot Grigio, Tocai und Merlot. Alle Sorten werden nach alter Väter Art und Sitte vinifiziert, wenig Holz ist dabei im Spiel. Kurzum: Jeder Wein schmeckt nach seiner Rebe, jeder Jahrgang hat seinen Charakter und ist irgendwie anders als anderswo. Schauspieler, Poet und Photograph waren begeistert, vor allem von den Sorten, die typisch sind für das Collio und Friaul: Tocai und Merlot. Das war genau das, was sie immer wieder suchen und immer seltener finden: das Autochthone, das Authentische, die Einfachheit. Noch ein Wort gibt es dafür in der deutschen Sprache: Redlichkeit. Sie vergaßen ihre Pflicht, hörten auf zu verkosten, nahmen Flaschen und Gläser, gingen auf die Terrasse und begannen zu trinken. Nebenbei pflückten sie Kirschen, naschten Rosmarin und Lavendel und genossen den Augenblick. Damian lächelte, und sie wußten nicht, ob dies aus Zufriedenheit geschah oder weil ihn die Begeisterung seiner Gäste amüsierte. Denn das, was sie in Euphorie versetzte, ist für ihn selbstverständlich. Natürlich freut er sich über Anerkennung, beteiligt sich auch da und dort an Weinmessen. Aber eigentlich ist er zufrieden mit dem, was ihn umgibt: sieben Hektar gepflegte Weingärten, gute Erde, das richtige Klima und natürlich seine Familie. Mehr als jede Auszeichnung in einem Wein-Guide bedeutet es ihm, wenn die Augen der Gäste an seinem Tisch leuchten wie seine eigenen.

Kulinarische Oase

Neben Picéch, Keber und Princic gibt es zwischen Görz und Dolegna eine ganze Reihe von hervorragenden kleinen Winzern, die einen Besuch wert sind. Der Liebhaber ist gefordert, sie zu suchen, an Ort und Stelle ihre Produkte zu verkosten und seine persönlichen Präferenzen zu erforschen. Weitere lohnende Destinationen für önokulturelle Sternfahrten sind zum Beispiel Wanda Gradnik in Plessiva, Oscar Sturm in Zegla, Franco Toros in Novali oder Boris Buzzinelli in Pradis, allesamt rings um Cormòns beheimatet.

„Was ist aber mit denen, die wir nicht erwähnt haben?“ fragte der Schauspieler. „Sind wir nicht ungerecht?“

„Ja!“ entgegnete der Poet. „Es gibt keinen demokratischen Geschmack. Sonst hätten alle die gleichen Frisuren, die gleichen Hemden, Hosen, Schuhe …“

Dem Schauspieler graute bei diesem Gedanken, den er lieber nicht weiter verfolgen wollte, und er lenkte ab:

„Apropos Geschmack: Wohin gehen wir essen?“

„Zu Blanch“, schlug der Poet vor. Das Gesicht seines Freundes heiterte sich schlagartig wieder auf.

Was die Trattoria „Blanch“ in Blanchis bei Mossa anlangt, so ist sie in puncto Geschmack eine klare demokratische Mehrheitsentscheidung zwischen dem Schauspieler und dem Poeten, wenn nicht gar Grundfeste ihrer gemeinsamen kulinarischen Verfassung. Auch dieses Lokal ist nicht leicht zu finden; viele fahren an ihm vorbei, so unauffällig steht es im Wald an der Straße und läßt von außen nichts Besonderes erwarten.

Hinter dem gut hundert Jahre alten Haus befindet sich einer der schönsten Gastgärten des Friaul. Linden und andere mächtige Bäume spenden Schatten; Palmen und Blumen erfreuen das Auge. Nur ein paar Schritte entfernt beginnt der Wald. In der Abenddämmerung kann man die Wildschweine zählen, die zum nahen Bach hinunterziehen. Es atmet sich gut hier, auch an den heißen Sommertagen. Der Wirt und seine Frau sind von ausgesuchter Höflichkeit und heißen Gäste wie alte Freunde willkommen.

Die Zusammenstellung des Menù ist höchst problematisch. Wer das Lokal kennt, möchte von allem probieren. Die „Crespelle ai funghi“ im Herbst oder mit Spargel im Frühjahr sind ein Traum, ebenso die hausgemachten Gnocchi mit diversen „sughi“. Unübertroffen sind aber die „Blecs“ oder „Biechi“ „con sugo di gallo“, ein einfaches Gericht, das optisch ganz und gar nicht spektakulär ist, wohl aber am Gaumen. Auf den – selbstverständlich hausgemachten – Nudelflecken finden sich ein paar schöne, saftige und zarte Stücke vom Fleisch des „Gallo“, also eines gemästeten Hahns, vergleichbar mit einer österreichischen Poularde. Der „sugo“ ist aber keine simple Sauce, sondern eine Art Demi-Glace, eine Reduktion allerfeinster Qualität. Ähnlich, und zwar mit Kalbsjus, werden die „Blecs ai funghi“ zubereitet. Auch sie sind köstlich.

Die Liste der „Secondi piatti“ orientiert sich naturgemäß an dem Getier, das ringsum in Wald und Wiese lebt. Wildente, Wildschwein, Reh, Lamm und Kalb, gut gewürzt mit Rosmarin, Salbei, Thymian, Oregano und sonstigen Kräutern, erfreuen den Liebhaber animalischer Genüsse. Die Küche vermeidet Experimente und verweigert sich konsequent allen modischen Einflüssen, hält sich dafür streng an Traditionen und Jahreszeiten.

Es schmeckt, befand der Schauspieler, wie es an Festtagen bei einer friulanischen „nonna“ geschmeckt haben muß, damals, 1904, als das „Blanch“ seine Pforten öffnete. Der Poet nickte rein rhetorisch, denn er war nicht ganz bei der Sache. Er winkte der Kellnerin, um ein Dessert zu bestellen. Es mußte sein, auch wenn beide schon satt waren. Die „dolci" schmecken ebenfalls nach Großmutter, die „Frutti di bosco" sind so intensiv, als hätte man sie selbst gepflückt, und die „Millefoglie" gehören zu den besten des Friaul.

Den Caffè nahmen sie in Cormòns, der überaus sehenswerten heimlichen Hauptstadt des Collio, auf der Piazza, die Boris Podrecca faszinierend gestaltet hat. Sie blickten hinüber zur Enoteca und hinauf zum Dom und mimten zwei Eingeborene, als ein österreichisches Paar sich nach dem Weg zur „Subida" erkundigte. Radebrechend erteilten sie Auskunft, wurden für ihre Deutschkenntnisse sehr gelobt und auf den Caffè eingeladen.

Eigentlich wollten sie noch einen Abstecher nach Dolegna machen. Gleich am Ortsanfang liegt linker Hand das Weingut Bernardis, das seit ein paar Jahren von den jungen Geschwistern Clara und Stefano geführt wird. Die Etiketten tragen allerdings den Mädchennamen der Mutter: „Norinna Pez". Hier gedeihen, an den Ufern des Judrio und exakt an der Grenze zwischen dem Collio und den Colli Orientali, Tocai, Pinot Bianco, Merlot und auch der seltene Schioppetino auf das Beste. Letzterer hatte es besonders dem Poeten angetan, der Sauvignon dem Schauspieler. Es handelt sich wie bei Damian Pricic, um redliche, saubere Weine, die sich durchaus mit den Kreszenzen berühmter Kollegen messen können. Abgesehen davon findet man bei den Bernardis den berühmten und seltenen Picolit. Dies ist eine autochthone Rebsorte, deren weiße Trauben klein sind und wenige Beeren tragen, also geringen Ertrag liefern. Ihre Qualität besteht unter anderem darin, daß sie die Düfte ihrer Umgebung absorbieren. Und so schmeckt der Picolit – der fruchtig ausgebaut wird – je nachdem nach Akazien, Pfirsich oder Erdbeeren. Es wäre ein Irrtum zu glauben, daß dieser edle Süßwein nur zum Dessert tauge. Die Erzbischöfe von Salzburg importierten ihn schon zur Zeit der Renaissance faßweise per

Maultier, weil sie wußten, daß dieser Wein einen hervorragenden Begleiter von großen Pasteten oder gereiftem, pikantem Käse abgibt.

Vor allem aber fuhren der Schauspieler und der Poet immer wieder gerne nach Dolegna, um neben der Verkostung die freundschaftliche Atmosphäre zu genießen. Dafür muß man sich Zeit nehmen. Also vertagten die beiden Freunde den Besuch und machten sich wieder auf in Richtung Meer.

Pianura

Längs des Unterlaufes des Isonzo erstreckt sich flaches Land. Erstaunlicherweise gedeihen hier die Rotweine besonders gut. Dafür gibt es eine Reihe von Theorien. Der Boden ist Schwemmland und reich an fossilen Ablagerungen und Mineralien. Es gibt weniger Nachtfröste als im Collio, und von Zeit zu Zeit breitet sich feuchter, warmer Nebel aus. Auch mag der Einfallswinkel der Sonnenstrahlen ebenso eine Rolle spielen wie die jod- und salzhaltige Luft des nahen Meeres. Sicher ist, daß zum Beispiel der Merlot in dieser Region außergewöhnliche Kraft und Farbe entwickelt. Allerdings sind seine Kulturen jedes Jahr aufs neue gefährdet. Denn die Vögel, allen voraus die Amseln, lieben die süßen roten Beeren. Daher kommt auch der Name des Weins. Amsel heißt auf französisch „merle“, auf italienisch „merlo“. So sieht man in der Gegend zur Reifezeit des öfteren hektargroße Weingärten, die von Netzen überspannt sind, welche die räuberischen Tiere daran hindern sollen, sich an den Trauben gütlich zu tun, welche schließlich dazu bestimmt sind, zwei, drei Jahre später den Gourmet in Form einer guten Bouteille zu erfreuen.

Auch Cabernet Franc und Cabernet Sauvignon erzielen hier beste Ergebnisse, vor allem in der Zone um Mariano, einem prima vista unscheinbaren Straßendorf, in dem aber ein paar gute Winzer beheimatet sind. Sehen der Schauspieler und der Poet an einem Haus einen Buschen, so kehren sie ein und verkosten, manchmal mit überaschendem Erfolg. Aber eigentlich kommen sie nur in die Gegend, weil sie in Corona im „Al Piave“ essen wollen. Diese kleine Trattoria ist für die beiden – neben „Blanch“ in Mossa – das kulinarisch größte gemeinsame Vielfache.

Nach außen hin ist auch dieses Lokal unscheinbar. In der warmen Jahreszeit findet man es leichter, weil Pensionisten und Arbeiter vor dem geöffneten Fenster zur Stube stehen, ihr „tajut“ und den Aschenbecher auf dem Fensterbrett, rauchen, trinken und reden. An der Gaststube selbst dürfte sich seit Generationen wenig geändert haben. Durchschreitet man sie, so gelangt man in den Garten, der von alten Stallungen und Scheunen umgeben ist. Der Ort strahlt Ruhe aus, ebenso wie die Familie der Wirte. Der Vater kümmert sich um den Wein, Mutter und Sohn stehen in der Küche, die Schwiegertochter sorgt sich um die Gäste. Dazwischen läuft und krabbelt die dritte Generation herum.

Es gibt im „Al Piave“ tatsächlich eine – täglich neu verfaßte – geschriebene Speisekarte. Kaum wo ist sie unnützer als hier. Man ißt, was einem empfohlen wird – zum Beispiel ein „Antipasto misto“, bestehend aus „Carpaccio di cervo“, mit Kräutern fein marinierte „Lonza di maiale“ und geräucherter Gänsebrust, dazu frisch geröstetes hausgemachte Brot aus Maismehl mit Butter aus Carnia. Der wahre Vegetarier aber greift aus Gründen des Pflanzenschutzes zur „Salame di cinghiale“, also zur Wildschweinsalame, weil diese Tiere sonst überhand nehmen und die Flora der Gegend gefährden.

Als „Primo piatto“ ist zu jeder Jahreszeit ein „tris“ angebracht: „Gnocchi di ricotta con pesto di rucola“, „Tagliatelle con funghi porcini“ oder schlicht und einfach „Tagliolini pomodoro e basilico“. Oder waren es „Fagotini alle erbe“ oder „Crespelle con asparagi selvatici“, welche die beiden Freunde in Begeisterung versetzten? Sie wissen es nicht mehr so genau, so oft waren sie schon dort. Denn der Schauspieler hatte bereits beim ersten Testessen beschlossen, hier eine Jahreskarte zu lösen.

Die Weinauswahl ist klein, erfüllt aber alle Wünsche. Sie reicht vom simplen, exzellenten Schankwein in beiden Farben bis hin zu den Spitzengewächsen der Region, etwa einem „Bianco“ von Petrussa. Aber das ist alles gar nicht so wichtig. Wichtig ist, daß die Globalisierung einen weiten Bogen um diesen Ort gemacht hat.

Es gebe Orte, sagte der Poet zu seinem Freund, wo man noch nie war, die einem trotzdem das Gefühl vermitteln, nach Hause zu kommen. Die machen das Reisen angenehm.

Ans Meer? Ans Meer!

Fährt man vom Collio in Richtung Monfalcone, um ans Meer zu gelangen, so bieten sich wenig landschaftliche Attraktionen. Längs der Staatsstraße reiht sich ein Industriegebäude ans andere. Es lohnen sich allein aus diesem Grund kleine Abstecher über die Dörfer wie Medea oder Borgnano, sei's auch nur, um dort Caffè zu trinken oder ein schlichtes Glas Wein. Natürlich muß der Reisende immer wieder Gradisca besuchen, die alte Festungsstadt mit venezianischen Palazzi und österreichischem Flair. Zumindest einmal im Jahr sollte man bei Bruno im „Mulin Vieri“ eine Portion von der dicksten Mortadella der Region verspeisen und davor oder danach der altehrwürdigen Enoteca einen Besuch abstatten.

Der Poet in seiner Eigenschaft als Maler unternimmt zwecks Motivsuche gerne Exkursionen in das schier endlose Niemandsland, das sich entlang des östlichen Ufers des Isonzo bis nach Grado erstreckt. Pappeln und Ulmen säumen Straßen wie Kanäle; da und dort stehen alte, behäbige Landgüter. Er überredete den Schauspieler, mit ihm dorthin zu fahren, wo es eigentlich nichts zu sehen gibt.

Eine Ortschaft, die besondere Beachtung verdient, ist Turriaco. Dies nicht so sehr deshalb, weil die Gemeinde vor gut zwanzig Jahren den höchsten Stimmenanteil an kommunistischen Wählen in ganz Italien aufwies, nämlich über achtzig Prozent, sondern weil sich im „Al Peon“ gut essen läßt. Es handelt sich um ein Arbeiterlokal. Nur mittags wird gekocht, was dem Proletariat gefällt: Nudeln in diversen Variationen natürlich, aber auch „Trippe“, Kutteln zum Beispiel, die zu den besten des Landes gehören. Freitags gibt es „Baccalà in bianco“, den legendären Stockfisch mit Polenta.

BACCALÀ IN BIANCO

Der Stockfisch wird mit einem Holzhammer weich geklopft und mit kaltem Wasser, das man mehrmals wechselt, etwa zwei Tage aufgeweicht. Sodann wird er enthäutet, entgrätet, in mundgerechte Stücke zerpflückt und mehliert. Zusammen mit feingehackten Karotten, Sellerie, Petersilie, Sardellen und Kapern wird er in Olivenöl angebraten, nach Geschmack gesalzen und gepfeffert, mit Milch übergossen, geriebenem Parmesan bestreut und im heißen Rohr ein bis zwei Stunden gegart.

Es ist nicht einfach, im „Al Peon“ in den Genuß dieses Gerichts zu kommen. Denn von Punkt zwölf Uhr bis gegen halb zwei gehört das Lokal den Werktätigen. Der Zufallsgast kann sich glücklich schätzen, wenn er anschließend einen Platz und eine Portion bekommt. Wer leer ausgeht, sei damit getröstet, daß im Ort auch eine „frasca“ existiert, namens „Cechini“. Da gibt es gute Salame, aber vor allem einen der besten Cabernet Franc des Friaul.

Fährt man vom Turriaco weiter über die kleinen Straßen Richtung Monfalcone, so wird das Panorama immer trostloser. Gesichtslose

Bungalow-Siedlungen und Kleinindustrie verzahnen sich ineinander; auf den ehemaligen Tabakplantagen der Isola Morosini wird Soja angebaut. Je näher man der kleinen Hafenstadt kommt, desto schrecklicher mutet einen an, womit der Mensch die Oberfläche dieses wunderschönen Planeten zu verunstalten vermag. Aber auch in dieser Tristesse gibt es kleine kulinarische Paradiese, wie etwa das „Al Castelieri“, das zu den besten Lokalen des Friaul gehört. Doch bei den Brüdern Mirko und Luciano ist es nicht einfach gut. Das ist Haute Cusine und gehört deshalb nicht in das Buch, das der Poet und der Schauspieler schreiben wollen.

Die beiden Freunde waren eingeladen, die Werft von Monfalcone zu besichtigen, wo jedes Jahr ein riesiges Kreuzfahrtschiff auf Kiel gelegt wird, welches nach seiner Fertigstellung und einer Ehrenrunde in der Adria in die Karibik abdampft. An Bord dieser zwölfstöckigen schwimmenden Gemeindebauten verbringen dann ein paar tausend zahlungskräftige Amerikaner in Pension ihren „All inclusive“-Winter.

Ein furchtbarer Gedanke sei das, meinte der Poet. Angesichts dieses Monsters aus Stahl und Kunststoff mit marmornen Badewannen, vergoldeten Armaturen und Spielcasino vergehe ihm ein für alle Mal die Lust an der Seefahrt.

Das gab dem Schauspieler zu denken, wußte er doch, daß er seinen Freund normalerweise nur unter Androhung von Gewalt oder falschen Versprechungen an Land locken konnte, wenn dieser erst einmal an Bord eines Schiffes war.

Kreuzfahrt im Golf

Die Yacht des Poeten

Die Yacht des Poeten ist 26 Meter lang und sechs Meter breit und ziemlich weiß. Sie wurde nicht für die obere Adria gebaut – welche die meiste Zeit des Jahres in Wahrheit ein ans Meer grenzender See ist –, sondern für das grobe Tyrrhenische Meer. Deshalb ist sie robust geraten und trotzt auch dem heftigsten Wellengang. Das kann bei Bora mit ihren kurzen, harten Wellen durchaus nützlich sein, erst recht aber wenn der Scirocco bläst, der mit seiner Urgewalt Millionen Tonnen Wasser an die Gestade wirft, sodaß die Wellen und die Gischt haushoch an den Felsen des Karstes nagen.

Der Capitano des Poeten wird Fiore genannt, weil er Fioravante heißt. Das ist ein überaus seltener Name, der aus der Welt der Sagen stammt und etwa gleichbedeutend ist mit dem deutschen „Rasenden Roland“. Fiore ist nicht das, was man sich unter einem Seebären vorstellt. Er wurde in einem Dorf im Gebirge geboren, in den Karnischen Alpen, unweit von Sauris. Die Menschen dort waren arm; von der Landwirtschaft konnte keiner leben und eine kinderreiche Familie ernähren. So entstand der Brauch, daß man zu Frühlingsbeginn ein Fest veranstaltete, sich an den Vorräten gütlich tat, die den Winter überlebt hatten, trank, sang und tanzte. Die Männer warfen ihre Hüte in die Luft. Wohin der Wind diese trieb, in diese Richtung machten sie sich auf, um Arbeit zu suchen. Sie waren gute Handwerker: Maurer, Zimmerleute und Mineure. Es verschlug sie bis in die Schweiz, nach Deutschland, Ungarn und Böhmen. Zurück blieben die Frauen mit Kindern und Alten und führten das Regiment. Spät im Herbst, mit dem ersten Schnee, kehrten die Männer zurück mitsamt dem Geld, das sie verdient hatten, und mit ein paar Geschenken für Weiber und Kinder. Den Winter über arbeiteten sie im Haus, reparierten Fenster, Türen und Dächer, machten Würste und selchten Speck, wenn sie nicht gerade Karten spielten oder Holz schlugen, bis es wieder an der Zeit war, den Hut zu werfen.

Fiores Hut ist Richtung Meer gesegelt. Er erlernte die Seefahrt. Seit ein paar Jahren ist er nun der Kapitän des Poeten. Ihr Schiff heißt „Culisse", was nicht beabsichtigt war. Aber der für Schiffstaufen zuständige Standesbeamte in der Triestiner Hafenbehörde wußte mit „Ulisse", also Odysseus, nichts anzufangen und ergänzte den Namen mit einem Buchstaben am Anfang, sodaß die Sache für ihn Sinn ergab.

Da sich weder der Poet noch Fiore Treibstoff, Reparaturen oder Liegegebühren leisten können, gehört das Schiff jemand anderem und verkehrt von Mitte Juni bis Mitte September als eine Art Bäder-Express dreimal täglich zwischen Triest, Sistiana, Duino und Monfalcone. Das ist eine praktische Sache: In Triest oder Monfalcone steigen morgens Menschen zu, welche den Tag an den wenigen kleinen Stränden an der Steilküste verbringen wollen. Umgekehrt nützen die Dorfbewohner die Gelegenheit, ohne Parkplatzprobleme ihre Besorgungen in der Stadt zu erledigen oder einfach in der legendären Gelateria „Al Pinguino" auf der Mole an der Fischhalle buntes Eis zu löffeln. Gegen Abend fahren alle wieder nach Hause, in diese oder die andere Richtung.

Das Schiff ist nie voll. Es scheint, als ob die Anrainer der Küste der Fortbewegung auf dem Wasser mißtrauen. Das wäre absurd. Denn im Jahresschnitt ertrinken in der Adria wesentlich weniger Menschen, als in Triest beim Überqueren eines Zebrastreifens unter die Räder kommen. Aber die Triestiner haben das Meer verdrängt, als ihr Hafen – einst der drittgrößte Europas – seine Bedeutung verlor, als er in den fünfziger Jahren nur noch der Schauplatz großer Abschiede war, als über dreißigtausend Menschen die Stadt in Richtung Australien und

Amerika verließen. So kommt es, daß anfangs der Saison und vor allem bei trübem Wetter nur der Capitano und seine „Offiziere“ Lucio oder Sergio an Bord sind und unbeirrbar ihren Dienst verrichten. Das sind auch die Tage, an denen das Schiff alleine dem Poeten gehört. Da nimmt er guten Wein, frisches Brot und allerlei Eßbares mit. Die Dinge verzehrt er zusammen mit seiner Mannschaft während der Aufenthalte im Hafen, wenn sie vergebens auf Passagiere warten. Den Rest der Zeit sitzt der Poet an Bord und läßt sich von Wind und Wetter gerben, bis er das Gefühl hat, er sehe aus wie Hemingway.

Diner im Hafen

Es war wieder kein Badetag. Die schweren Wolken über dem Karst verhießen nichts Gutes. Trotzdem entschlossen sich der Schauspieler und der Poet, eine kleine Runde mit der Yacht zu drehen, und gingen in Duino Richtung Monfalcone an Bord. Einziger Fahrgast war eine leicht verwirrte alte Dame, die vergessen hatte, in Sistiana auszusteigen. Als der Capitano ihr mitteilte, daß man aus fahrplantechnischen Gründen nicht umkehren und sie erst auf dem Rückweg eine Stunde später an Land gehen könne, nahm sie das gefaßt zur Kenntnis und wollte ein Bigliett für die Rückfahrt lösen. Fiore aber schüttelte nur lächelnd den Kopf und bot ihr einen Stuhl an. Den rückte sie sich achtern neben das Fallreep, direkt an den Ausstieg, auf daß sie Sistiana nicht nochmals verpasse, und saß darauf wie eine Statue, völlig unbeeindruckt von Sturm und Seegang.

Sie fuhren zurück von Monfalcone Richtung Triest. Es war für heute der letzte Turn. Die beiden Freunde wollten in Duino von Bord gehen. Da fragte sie der Capitano beiläufig, ob sie schon ein Programm für den Abend hätten. Sie verneinten. Er schlug ihnen vor, mit nach Triest zu fahren und dort mit ihnen zu essen. Das gefiel ihnen, denn sie hatten die mediterrane Weisheit gelernt: Nichts wollen – dann fängt alles Gute an.

Über dem Karst hingen schwarze Wolken. Es donnerte aus der Ferne; manchmal zuckte ein Blitz über der Macchia. Doch rechts davon, über dem Meer in Richtung Süden, spannte sich ein mächtiger Regenbogen, während im Westen bereits die Wolken auflockerten und hinter ihnen der Abendhimmel durchschimmerte. In Sistiana lieferten sie die alte Dame ab. Dafür ging eine traurige junge Frau an Bord, in die sich der Poet zu verlieben drohte. Der Schauspieler hinderte ihn daran in aller Freundschaft, indem er ihn in ein Gespräch über das zu schreibende Buch verwickelte, denn er ahnte eine Neufassung von Orpheus und Eurydike. Das Gewitter verzog sich, der Himmel klarte auf. Nur die See war noch unruhig, als sie an Miramare vorbeizogen. Triest wurde sichtbar.

Es macht einen veritablen Unterschied, ob man sich einer Hafenstadt auf dem Land- oder Seeweg nähert. Wer vom Lande kommt, versteht Triest nicht. Endlos zieht sich das Häusermeer die Küste entlang, schlängelt sich um die Ausläufer des Karstes, züngelt hinauf nach Opicina, Trebiciano, Servola und verebbt im Tal des Rio Ospo, wo hinter der stillgelegten Raffinerie von Aquila die istrische Halbinsel beginnt.

Der Schauspieler hat in Triest immer Orientierungsprobleme. Das liegt daran, daß er wie alle alpinen Landratten der Überzeugung ist, das Meer sei gleichbedeutend mit Süden. Der Hafen von Triest aber, die „Rive“, und sein Hauptplatz sind nach Nordwest ausgerichtet. An klaren Wintertagen, wenn die weiße Bora mit über hundert Stundenkilometern bläst, sieht man vom Molo Audace aus hinter den weit draußen vor Anker liegenden Frachtschiffen das Panorama der Julischen Alpen bis hin zum Monte Cavallo. Der Süden hingegen liegt im Rücken des Betrachters, der sich diesem Schauspiel hingibt, also dort, wo er ihn als letztes vermutet.

Als die „Culisse“ am Molo della Pescheria festmachte und das traurige Mädchen an Land ging, hatten sich alle Wolken verzogen, und ein prächtiger Sonnenuntergang schickte sich an, die Triestiner Flaneure – Pensionisten wie Liebespaare – an die „Rive“ zu locken. Fiore, Sergio und Lucio aber machten sich in der Kombüse zu schaffen, während Schauspieler und Poet sich an Deck einen Aperitivo gönnten und dem Volk an Land huldvoll zulächelten. Die Dämmerung fiel ein. Ein Licht nach dem anderen flammte auf. Schließlich war die Küste von Miramare bis zum Capo di Savudrija illuminiert, und die Lichterketten wanden sich hinauf in die Höhen des Karstes. Irgendwo auf der Mole spielten junge Musiker Balkan-Jazz. Es war der pure Kitsch. Doch der Ruf des Capitano holte sie in die profane Welt der leiblichen Genüsse zurück. Das Essen war angerichtet.

Man begann mit Salat von butterweichem Oktopus mit roten Bohnen und Zwiebel, vertiefte sich in Spaghetti mit Canocchie und fand sich wieder vor einer Schüssel voller Cozze und Vongole, aus der sie alle aßen, als wären sie seit Generationen eine Familie. Schließlich brachte Sergio noch einen Berg frischer, duftender Erdbeeren und öffnete dazu eine Flasche Verduzzo aus den Colli Orientali. In der Zwischenzeit hatten sich auf der Mole etliche Leute eingefunden, die ihnen bei ihrem kulinarischen Treiben zusahen. Als sie das registrierten, ahnten sie, wie sich Onassis in St. Tropez gefühlt haben mußte. Aber sie schämten sich kein bißchen dafür.

Die drei Grazien und die Sirene

Im Lauf der Saison bildet sich auf der „Culisse“ eine Art Stammpublikum. Man kennt einander, grüßt, wechselt ein paar Worte, und irgendwann kommt man ins Reden. Das dürfte für manche sogar der eigentliche Grund sein, weshalb sie mit dem Schiff fahren. Der Capitano kennt sie alle, hat ein freundliches Wort für jeden und tut so, als würde er ihnen zuhören, wenn sie von Enkelkindern, Kaffeepreisen oder Heuschnupfen erzählen, obwohl er sich auf den Küstenfunk konzentriert. Den schaltet er nur leiser, wenn die Partie Inter Mailand gegen Udinese im Radio übertragen wird.

Gegen Saisonende, Mitte September, werden die Tage schon deutlich kürzer, die Luft kühler und die Badegäste weniger. Am Lärmpegel der Passagiere merkt man, daß die Schule wieder begonnen hat. Kein Kind ist mehr an Bord.

Der Schauspieler ist abgereist. Seine Tournee hat begonnen. Der Photograph und der Poet fahren ein letztes Mal mit der Yacht die Küste entlang. Dieses Mal ist kein trauriges Mädchen auf dem Schiff, sondern vier fröhliche Damen. Drei davon sind Freundinnen seit ihrer Kindheit. Sie gehören zur Generation der „esuli“, also der Exilanten. Aufgewachsen in Istrien, kamen sie als Halbwüchsige mit ihren Eltern auf der Flucht vor dem Titoismus von Parenzo, das heute Poreč heißt, nach Triest zu Verwandten. Aber auch hier war die wirtschaftliche Situation fatal; die Väter fanden kein Arbeit. Also entschlossen sie sich – wie Tausende andere – zur Auswanderung. Viele gingen nach Argentinien. Die drei Mädels aber landeten in Australien und heirateten dort: Ida, Hilda und Elide. Die eine ist Witwe, die beiden anderen sind geschieden; ihre Kinder sind erwachsen. Eines Tages erbte Elide die Wohnung ihrer Tante, welche in Triest geblieben war. Da beschlossen die drei Freundinnen, sich auf die Suche nach ihrer Jugend zu machen, und flogen kurzerhand nach Europa. Seither verbringen sie ihre Sommer hier und erinnern sich. Fast täglich fahren sie mit der „Culisse“ nach Duino, nehmen ein Bad und trinken Caffè in der „Dama Bianca“, weil dies ihrer Ansicht nach der schönste Ort der Welt sei. Hier begegnete ihnen der Poet, dem sie gleichzeitig und durcheinander ihr Leben erzählten.

Noch eine vierte Frau war an Bord: Mariuccia. Sie benützt das Schiff als Sonnenterrasse. Im Strandbad, sagt sie, sei es langweilig.

Man liege in der Sonne, sei zur Untätigkeit verdammt, könne sich nicht bewegen. Sie sprang über die herumliegenden Taue und lehnte sich wie eine Sirene über den Vordersteven. Für ihr Alter und ihre Üppigkeit – welche sie stolz in ihrem viel zu knappen Badeanzug zur Schau trug – war sie erstaunlich gelenkig. Weniger erstaunlich war, daß sie in jedem Mann ihren Odysseus vermutete: zuerst im Capitano, dann im Photographen und schließlich im Poeten. Sie sprach gerne und interessant, moderierte unter Assistenz der drei Grazien die Geschichte und Gegenwart der Costiera von Duino bis Triest.

Das Schloß von Duino könne man endlich wieder besichtigen, erzählte sie. Schon Kaiserin Sisi habe hier gewohnt. Ihre Behauptung entbehrt zwar jeder historischen Grundlage, aber so begeistert wie Mariuccia es erzählte, war es nicht anders vorstellbar. Heute sei das ein Museum, sagte sie, mit jeder Menge alter Möbel und Bilder drinnen, und die Prinzessin sei gar keine Prinzessin, sondern eine Französin, obendrein eine Bürgerliche.

Aber der Ausblick von der Terrasse, auf der Rilke gedichtet habe, sei prachtvoll, sekundierte Elide. Rilke hat zwar nie auf einer der beiden Terrassen gedichtet. Das mit dem Blick stimmt. Von ihnen aus und erst recht vom Burgfried sieht man an klaren Tagen auf der einen Seite bis hinüber nach Venedig, auf der anderen Istrien und Piran sowie weit ins slowenische Hinterland bis zum Snežnik, dem Schneeberg. Bekommt er im Herbst über Nacht eine weiße Haube, so weiß man, daß der Winter nicht mehr weit ist. Im Frühjahr kann die Badesaison erst beginnen, wenn er diese endgültig abgelegt hat. An seinem Fuß entspringt auch der geheimnisumwitterte Fluß Timavo, der dort noch Reka heißt und nach einer unterirdischen Höllenfahrt von gut vierzig Kilometern zwischen Duino und Monfalcone wieder das Licht der Welt erblickt.

Sie liefen in die Bucht von Sistiana ein, um die letzten Badegäste der Saison abzuholen. Kein Mensch wartete auf der Mole. Die Baia bietet schon seit Jahren ein trostloses Bild. Zwar liegen hier Hunderte Boote, aber es gibt keine Marina. Entlang des Hafens stehen nur ein paar klägliche Kioske, in denen Bier, Energy-Drinks und belegte Brötchen verkauft werden. Guten Wein sucht man hier vergebens, ebenso einen Teller frischer Meeresfrüchte. Das einzige Lokal ist eine Gelateria mit Selbstbedienung am Eingang zum ungepflegten Strand. Sie befindet sich in einem architektonisch interessanten Gebäudekomplex, der auf futuristische Ursprünge schließen läßt und in den fünfziger Jahren erweitert worden ist. In ihm befand sich bis Anfang der achtziger Jahre eines der vornehmsten und besten Fischrestaurants der Triestiner Riviera, das „Castelreggio". Wer damals auf der Terrasse mit Meeresblick von einem livrierten Kellner seine Seezunge vorgelegt bekam, begriff sofort, was mediterrane Kultur ist.

„Hier hat meine Tante geheiratet", sagte Elide, „Ihr Mann war reich – ein Viehhändler, der auch in den schlechten Zeiten beste Kontakte zu Tito hatte." Daß der zugeheiratete Onkel in der Familie nicht sehr beliebt war, hatte zur Folge, daß er sich nach wenigen Jahren scheiden ließ, eine Russin heiratete und seine Geschäfte bis nach Odessa ausdehnte.

„Und da drüben", sagte Mariuccia und deutete auf die Bucht in Richtung Duino, „dort habe ich mich zum ersten Mal verliebt." Dort gab es, als man noch zum Fünf-Uhr-Tee tanzte, die „Caravella" mit Live-Musik, wo sogar einmal Adriano Celentano aufgetreten ist. Daneben befand sich, unter Pinien, ein gepflegter Campingplatz, der hauptsächlich von Österreichern frequentiert wurde, die mit Puch 500, Volkswagen oder Motorroller angereist kamen. Die mit richtiger Limousine wohnten schon damals im Hotel, zum Beispiel oben im Ort, im „Belvedere" oder „Al Posta". Die vornehmste Adresse Sistianas aber war bereits damals dem Verfall preisgegeben: das ehemals „Thurn- und Taxische Seebad Sistiana", schon 1908 mit Dampfheizung und elektrischem Licht ausgestattet, welches im Ersten

Weltkrieg von den Italienern bombardiert und in den zwanziger Jahren von ihnen wiederaufgebaut worden war. Mit dem Wirtschaftswunder kam das endgültige Aus. Die Gäste stellten höhere Ansprüche; Umbau und Personal waren nicht mehr zu bezahlen. Seither steht das Hotel als charmante Gründerzeitruine da und wartet auf einen Spekulanten, der sich seiner erbarmt.

Sie fuhren wieder hinaus aufs Meer, vorbei an einer anderen Ruine, dem Hotel Europa an der Küste von Aurisina, einem postmodernen Betonkubus aus jener Epoche, als Italien noch das Hinterland Siziliens war. Dieser Küstenstrich besteht noch weitgehend aus Felsen und Macchia, wird erst dort, wo sich das Karstplateau zum Meer hin senkt, bewohnbar und bewohnt.

Das Schloß Miramare machte den Anfang der Besiedlung. Natürlich weiß Mariuccia, daß Kaiserin Sisi auch hier gewohnt hat und unglücklich in einen Corvettenkapitän verliebt war. Auch dafür gibt es keine Belege, aber wenn die Sirene das erzählt, dann muß es so gewesen sein. Heute säumen alte und moderne Villen das Ufer bis hinauf zur Küstenstraße. Am Fuße des steil abfallenden Karstes unterhalb von Santa Croce steht eine Baracke aus Wellblech und Glas. Sie ist nur auf zweierlei Weise erreichbar: entweder über einen Pfad, der dem Begriff „halsbrecherisch" schon mehrfach gerecht geworden ist, oder übers Meer in einem kleinen Boot. Hier ißt man die besten und frischesten Calamari und Sardinen weit und breit und labt sich an köstlichem Tocai. Die Triestiner Gourmetmeile beginnt aber erst nach Miramare mit dem Restaurant „La Marinella", wo man die reichste Auswahl an Meeresgetier in der Provinz findet und das längst schon zu einer Legende geworden ist.

Auf der Höhe der „Marinella" beginnt Barcola, die asphaltierte Copacapana der Triestiner, die sich kilometerlang stadteinwärts hinzieht. Da änderte Capitano Fiore plötzlich den Kurs und fuhr außerplanmäßig langsam die nahe Küste entlang.

„Dort drüben unterhalb des Leuchtturms", sagte Eilde ganz aufgeregt, „da ist das Bagno della Ferrovia. Dort habe ich 1947 schwimmen gelernt!" Ida und Hilda konnten schon schwimmen, fuhren aber im Sommer fast täglich mit der damals noch existierenden Tram hinaus, um zu baden und sich bewundern zu lassen. Denn das zweite Strandbad, das Bagno Ausonio, war strikt nach Geschlechtern geteilt und somit bei der Jugend weniger beliebt.

Fiore steuerte den Porto Franco Vecchio an, ließ die „Culisse" in die Fahrtrinne hinter der „Duga Vecchia" gleiten. Das sei zwar verboten, meinte er, aber für seine Freunde riskiere er eine Ehrenrunde, vor allem für den Photographen. Der hatte bereits alle drei Kameras vor seinen Augen und setzte sie nicht mehr ab.

Die alten Magazine, Verwaltungsgebäude und Maschinenhäuser aus dem 19. Jahrhundert sind Juwelen der Architektur. Die kalorische Zentrale etwa, von der aus Kräne und die Seilwinden der Docks zuerst mit Dampf und später mit Strom versorgt wurden, gleicht einer Kathedrale, die alte Capitaneria gegenüber einem Palazzo. Fünf mächtige Molen umsäumen vier „bacini", also Hafenbecken. Landwärts befinden sich Lagerflächen und ein dichtes Schienennetz. Von hier aus wurden zweihundert Jahre lang Waren aus Übersee ins zentrale Europa spediert: Kaffee, Gewürze, Tropenhölzer. Andererseits war der alte Hafen der Umschlagplatz für Waren aller Art aus Österreich-Ungarn, vor allem Handwerks- und Industrieprodukte, die für den Mittelmeerraum und Übersee bestimmt waren. Es gab regelmäßige Post- und Passagierverbindungen nach Konstantinopel, Kalkutta oder New York. Zwischen 1920 und 1943 schifften sich hier Tausende mittel- und osteuropäische Juden nach Palästina ein. Heute ist nur noch eine Mole in Betrieb; der Rest der gigantischen Anlage wird von Gras überwuchert, und die Gebäude modern vor sich hin. Alle Ideen, das Areal zu retten und wiederzubeleben – es war auch als Schauplatz für eine Weltausstellung gedacht, – sind bislang gescheitert.

Von Land aus bleibt dem Reisenden die Faszination des Porto Franco Vecchio verborgen und unzugänglich. Nur vom Schiff aus lassen sich Triest und seine Geschichte verstehen.

Die drei Grazien waren glücklich. Den Hafen hatten sie noch nie so gesehen. Als sie vor gut fünfzig Jahren hier an Bord gingen, war es Nacht. Die Sirene war begeistert. Das war ihre Stadt, ihre große Vergangenheit. Das alles habe Maria Theresia bauen lassen, sagte sie. Dabei irrte sie sich beinahe um ein Jahrhundert. Aber die Zeit scheint in Triest keine Rolle zu spielen. Nur so ist es zu erklären, daß die Mehrheit seiner Bewohner heute noch Franz Joseph für den Sohn Maria Theresias hält und glaubt, die Italiener würden sich freiwillig irgendwann wieder hinter die Piave zurückziehen. Darauf hofft auch der Capitano, der mit den römischen Behörden beharrlich im Friulaner Dialekt spricht.

Es wurde kühl, und die Damen kleideten sich an. Als die „Culisse" die Stazione Maritima umrundete und auf die Pescheria zusteuerte, applaudierten die Passagiere. Fiore strahlte und lud alle auf Prosecco ein. Man trank einander zu, umarmte und küßte sich und versprach, pünktlich zu Saisonbeginn am 15. Juni wieder an Bord zu sein. Der Poet befahl dem Capitano, seine Yacht gut über den Winter zu bringen. Dann ging er erhobenen Hauptes mit dem Photographen von Bord und ertränkte seine vorgezogene Herbstdepression in einer Flasche „Terre Alte" von Livio Felluga.

Rückkehr

Mitte Juni fuhren die beiden Freunde wieder einmal gegen Süden. Wetter und Temperaturen in Wien waren der Jahreszeit entsprechend angenehm; sie richteten sich auf frühsommerliche Tage an der Triestiner Riviera ein. Schon auf dem Wechsel begann es zu regnen. Je weiter sie nach Süden kamen, umso heftiger wurden die Niederschläge. Dazu kam heftiger Ostwind, dessen Böen das Auto ins Schwanken brachten. Ihre Gesichter waren grau von den endlosen Wolken. Sie trösteten einander. Am Meer würde die Sache ganz anders aussehen.

Dann saßen sie endlich bei Slauko in Contovello. Außer ihnen waren noch eine Handvoll Gäste zugegen. Die Stimmung war gedämpft. Die Bora trommelte mit den Regentropfen gegen die Fenster. Vom Meer war nichts zu sehen. Selbst die „Scampi alla bùžara“ schmeckten, als wären sie im Regenwasser gekocht worden. Es war trostlos. Lange sprachen sie nichts und starrten ins Grau hinaus.

„Weshalb“, unterbrach schließlich der Schauspieler das Schweigen, „kommen wir eigentlich immer wieder hierher zurück?“

„Weil wir suchen, was wir lieben“, entgegnete der Poet; „weil wir sehen wollen, ob es das noch gibt, was wir geliebt haben.“

„Wird das nicht immer weniger?“ fragte der Freund. Natürlich könne das auch mit ihrem zunehmenden Alter zu tun haben, nicht nur mit der gesellschaftlichen Entwicklung. Die wenigen Orte, wo sich das einfache Leben genießen lasse, würden immer kostbarer. Aber auch sie blieben letztlich kein Geheimnis mehr und verlören ihren Zauber, weil sie zur Attraktion verkämen.

„Sollen wir unser Buch überhaupt schreiben?“ dachte der Poet laut nach und fügte hinzu: „Wenn man die andächtige Stille eines Ortes öffentlich preist, sind am nächsten Wochenende Zehntausende dort, um die Einsamkeit zu suchen.“

„Nicht bei diesem Wetter!“ tröstete der Schauspieler.

Wieder verfielen sie in Schweigen. Die anderen Gäste waren gegangen, sie saßen allein im Saal und rührten in ihrem Caffè. Eine alte Frau räumte die Tische ab, klapperte demonstrativ mit dem Geschirr. Sie wollte nach Hause.

„Du hast doch immer gesagt, im Juni gebe es keine Bora!“ ätzte der Schauspieler. Der Poet zuckte mit den Achseln und blickte nach oben.

Während die beiden sich selbst und einander nicht ausstehen konnten, veränderte sich draußen die Lage. Der Wind drehte, der Regen wurde schwächer, das Meer und der Himmel wieder sichtbar. Plötzlich riß am Horizont im Westen die Wolkendecke auf; ein Licht wie auf einem Gemälde eines alten Meisters breitete sich aus. Beinahe ungläubig verfolgten die beiden Freunde das Schauspiel. Das Wasser, eben noch bräunlichgrau, nahm unvermittelt eine tief türkise Farbe an. Auf der Oberfläche tanzte die Gischt.

Aber da war noch etwas, noch weit draußen im Golf von Triest, was ihren Blick fesselte: ein kleiner weißer Punkt, der immer näher kam und Konturen annahm. Kein Zweifel: es war die „Culisse", die den Hafen anlief. Der Schauspieler und der Poet vergaßen fast aufs Zahlen, liefen wie Kinder durch die letzten Regentropfen zum Auto und fuhren los. Schließlich wollten sie auch heuer wieder die ersten an Bord sein.

Italienisch-deutsches Küchen-Alphabet

Unter besonderer Berücksichtigung des Friulaner und Triestiner Dialekts

A

Acciughe Sardoni, Sardellen
Aceto Essig
Affumicato geräuchert
Aglio Knoblauch
Agnello Lamm
Agnolotti karnische Teigtaschen
Albicocca Marille
Anatra Ente
Anguilla Aal
Anguria Wassermelone
Aragosta Languste
Asino Esel
Asìno Frischkäse, gesalzen
Asparagi Spargel
Astice Hummer

B

Baccalà Stockfisch, stocafissa
Bicèr Dial. bicchiere
Bicchiere Glas
Biechi Teigflecken
Biete s. Bled
Bigoli dicke Nudeln
Blècs s. Biechi
Bled Mangold
Bollito Gekochtes
Branzino Spigola, Meerwolf
Brassato Geschmortes
Brodetto Fischsuppe, intensiv
Brodo klare Suppe
Brovada saure Rüben
Budino Pudding
Burro Butter

C

Calamaro Kalmar, Totano
Calandraca Rindfleisch-Eintopf
Canestrelli Pilgermuscheln
Canoccia Heuschreckenkrebs
Capa lunga Scheidenmuschel
Capesante Jakobsmuscheln
Capretto Kitz
Caprino Ziegenkäse
Capriolo Reh
Cappucci, capuzi Sauerkraut
Carciofo Artischoke
Carne Fleisch
Cavolfiore Karfiol
Cavolo Kohl
Ceci Kichererbsen
Cefalo Meeräsche
Cetriolo Gurke
Chifeleti Kartoffelkroketten
Cicciole Grammeln, Grieben
Cicoria Zichorie
Ciliegia Kirsche
Cinghiale Wildschwein
Cipolla Zwiebel
Cjalsòns Ravioli, Teigtaschen
Coda di rospo Seeteufel, Angler
Coltello Messer
Conchiglia Jakobsmuschel
Coniglio Kaninchen
Contorno Beilage
Costata Rippchen
Cotechino Schweinswurst mit Schwarte
Cotto gekocht
Cozze Miesmuscheln
Crauti Sauerkraut
Crema Creme, Cremesuppe
Crespelle Crêpes, Palatschinken
Crostata Mürbteigkuchen
Crostoli Karnevalsgebäck
Cucchiaio Löffel

D

Dentice Zahnbrasse
Dolce Süßspeise

E

Erba cippolina Schnittlauch
Erbe Kräuter

F

Fagiano Fasan
Fagioli Bohnen
Fagiolini Fisolen, grüne Bohnen
Faraona Perlhuhn
Fegato Leber
Fico, fichi Feige, Feigen
Filetto Filet
Finocchio Fenchel
Fiori di zucchine Zucchiniblüten
Folpo Krake
Forchetta Gabel
Formaggio Käse
Forno Ofen, Backrohr
Fragola Erdbeere
Frico Käse-Omelett
Fritole fritierte Teigtaschen
Frittelle Kroketten
Frittata Omelett, Eierkuchen
Fritto gebacken
Frutta Obst
Frutti di mare Meeresfrüchte
Funghi Pilze

G

Gallina Huhn
Gallo Hahn, Poularde
Gambero Garnele
Garusoli Meeresschnecken
Gelatina Gelee, Sülze
Gnocchi Kartoffelnockerl
Granzievola Meeresspinne
Granzoporro Krebs, Krabbe
Gubana Hefeteig-Nußkuchen

I / J

Insalata Salat
Involtini Rouladen
Jota Krautsuppe mit Bohnen

L

Latterini Ährenfische
Lattuga (Koch-)Salat
Lenticchie Linsen
Lepre Hase
Lesso gekocht
Lingua Zunge
Lonza Lende
Lumache Schnecken

M

Macedonia Fruchtsalat
Maiale Schwein
Malga Frischkäse
Maltagliati Teigflecken
Manzo Rind
Mazzancollo Riesenscampi, Kaisergranat
Mela Apfel
Melanzane Melanzane, Auberginen
Melone Zuckermelone
Merluzzo Kabeljau
Mezzelune Ravioli, halbrund
Millefoglie Blätterteig, Cremeschnitten
Minestra Suppe
Moleca Strandkrabbe ohne Panzer
Montasio Bergkäse aus Carnia
Mormora Marmorbrasse
Musetto Schlackwurst
Mussolo Arche-Noah-Muschel

O

Oca Gans
Olive Oliven
Orata Goldbrasse
Orzo Gerste
Ostriche Austern

P

Panada Brotsuppe
Panna Rahm, Sahne
Pasta fagioli Bohnensuppe
Patate Kartoffeln
Pecorino Schafskäse
Pendalòns Fisolen, grüne Bohnen
Peperone Paprika
Pera Birne
Persico Barsch
Pesca Pfirsich
Pesce Fisch
Pesce spada Schwertfisch
Petto Brust
Pinza Pinze, Osterkuchen
Piselli Erbsen
Polipo Krake, Polyp
Pollo Hähnchen
Polpetta (Fleisch-)Laibchen
Polpettone faschierter Braten
Polpo Krake
Pomodoro Tomaten
Presnitz Nußstrudel
Prezzemolo Petersilie
Prugna Pflaume, Zwetschge
Putizza Nußkuchen mit Germteig

Q

Quaglia Wachtel

R

Radicchio rosso roter Radicchio
Radicchio trevisano Treviser Radicchio
Radicchio triestino Triestiner Radicchio, grün
Ragù Ragout
Rape Rüben, s. auch Brovada
Ravioli gefüllte Teigtaschen
Ricotta Topfen, Topfenkäse
Ribone rosa Meerbrasse
Risipisi Erbsenreis
Risotto Risotto
Rognone Nieren
Rombo Steinbutt
Rotola Roulade

S

Salame Salami
Sale Salz
Salmone Lachs
Salsa Sauce
Salsicce Schweins(brat)würste
Salumi Wurstwaren
Salvia Salbei
San Pietro Petersfisch
Sarda Sardine
Sardina Sardine
Sardoni Sardellen
Scampi Scampi, Langustine
Scarpena, scorfano Drachenkopf
Schile Baby-Garnelen
Sedano Sellerie
Semifreddo Halbgefrorenes
Seppia, sepa Tintenfisch
Seppiolini kleine Tintenfische
Sgombro Makrele
Sogliola Seezunge
Sorbetto Sorbet
Spezzatino Geschnetzeltes
Spiedino Spieß
Spigola Branzino
Spinaci Spinat
Stinco Stelze
Suf Maisbrei
Sugo Bratensaft, Sauce

T

Tabor Bergkäse aus dem Karst
Tacchino Pute, Truthahn
Tartara Tartar
Tartuffi Trüffel
Tartuffi di mare Meerestrüffel, Dondoli
Toc' in braide Polenta mit Käsesauce
Tonno Thunfisch
Torta, Tortina Torte
Triglie Bartbarben
Trippe Kutteln
Trota Forelle

U

Ufiei rote Rüben
Uovo, uova Ei, Eier
Uva Traube
Uva passa Rosine
Uvaggio Cuvée

V

Verdura Gemüse
Verdura cruda Salat, Rohkost
Verze Kohl
Vino, vin Wein
Vitello Kalb
Volpina Meeräsche
Vongole Venusmuscheln
Vongole verace Teppichmuscheln

Z

Zampone gefüllter Schweinsfuß
Zavata Cremeschnitte
Zlikrofi Schlutzkrapfen
Zucca Kürbis
Zucchine Zucchini
Zuppa Suppe, Eintopf

Rezept-verzeichnis

Weinkarte

Collio, Colli Orientali, Isonzo und Carso

Weißweine

Chardonnay
Seit dem 19. Jahrhundert im Friaul beheimatet, als Aperitivo oder zu leichten Speisen und Fischgerichten. Serviertemperatur 10–12 °C.

Collio bianco
Siehe unter Tocai. Es kann sich auch um ein Cuvée handeln. Hauptanteil ist meist Tocai, dazu Malvasia, Pinot bianco oder Sauvignon.

Glera
Eine alte Prosecco-Rebe, die feine, leichte Weine ergibt, bestens geeignet als Aperitivo oder zu Fisch.
Sehr selten, nur im Triestiner Karst zu finden. 10–12 °C.

Malvasia
Auch Malvasia Istriana. Autochthone Rebsorte, wird im Collio und im Karst angebaut. Gut zur Unterhaltung, aber auch zu gebratenem Fisch und „Crostacei". 10–12 °C.

Picolit
Ergibt fruchtige bis süße Weine, entweder zum Dessert oder zu pikantem, reifem Käse, natürlich auch zu Pasteten. Alte, autochthone Rebsorte. Kostbar. 7–10 °C.

Pinot bianco
Weißburgunder, seit dem 19. Jahrhundert im Friaul. Nach dem Tocai der am häufigsten angebaute Weißwein. Zu weißem Fleisch und Fisch. 10–12 °C.

Pinot grigio
Grauburgunder, Ruländer. Ebenfalls erst seit 150 Jahren im Friaul angebaut. Wird entweder weiß oder „grau" in der Schale ausgebaut. Aperitivo oder zu Fisch. 10–12 °C.

Prosecco
Alte Rebsorte aus der Triestiner Gegend. Wird nicht nur als „Frizzante" ausgebaut, sondern auch als stiller, trockener Wein. Selten. 8–10 °C.

Ramandolo
Spielform der Verduzzo-Rebe in den Colli Orientali, kann trocken ausgebaut werden, wird aber meist vor der Pressung auf Stroh nachgereift. Klassischer Dessertwein. 8–10 °C.

Ribolla Gialla
Autochthone Rebsorte. Da früh reif, wird er als „mosto", also Sturm, genossen beziehungsweise fruchtig oder trocken ausgebaut.
Trinkwein. 10–12 °C.

Riesling
„Riesling italico" (Welschriesling) und „Riesling renano" (Rheinriesling) werden selten angebaut, können aber interessante Ergebnisse bringen.
8–10 °C.

Sauvignon
Ebenfalls erst im 19. Jahrhundert vom Conte de La Tour importiert, mittlerweile relativ häufig angebaut. Erfrischend, zu feinen Fischen und Gemüse. 8–10 °C.

Tocai friulano
Autochthone Rebsorte seit dem Mittelalter. Darf trotzdem nicht mehr so heißen und wird in „Collio bianco" umbenannt. Guter Wein zu allen Gelegenheiten. 10–12 °C.

Traminer aromatico
Gewürztraminer. Wird selten, aber mit respektablen Ergebnissen angebaut und gekeltert. Gut zu kräftigen Gerichten und reifem Käse. 10–12 °C.

Verduzzo friulano
Kann trocken oder süß ausgebaut werden. In jedem Fall ein fruchtiger, gehaltvoller Wein zu kräftigen Speisen, als Aperitivo oder Digestivo. 10–12 °C.

Vitovska
Alte, autochthone Rebsorte im Karst. Robust, trotzt der eisigen Bora ebenso wie der trockenen Hitze im Sommer. Ergibt kräftige, erdige, leicht bittere Weine. 10–12 °C.

Rotweine

Cabernet franc
Stammt ursprünglich aus dem Bordeaux, erzielt gute Erträge und Ergebnisse. Kräftig, trocken, tanninhaltig und lagerfähig. Zu rotem Fleisch, jung auch zu Schalentieren. 18 °C.

Cabernet sauvignon
Ebenfalls aus dem Bordeaux ins Friaul importiert. Eleganter als der Cabernet franc, vorzüglich zu den meisten Fleischgerichten, aber auch zu Käse. 16–18 °C.

Franconia
Entspricht dem österreichischen Blaufränkischen. Wird selten angebaut, ergibt volle, runde Weine. Geeignet zu rotem Fleisch und kräftigen Wurstwaren. 16–18 °C.

Merlot
Obwohl auch seine Reben aus Frankreich stammen, ist er der friulanische Rotwein schlechthin. Passend zu kalten und warmen Fleischspeisen sowie Käse. 18 °C.

Pignolo
Verwandter des Pinot nero. Ein extrakt- und alkoholreicher Wein, rund, samtig. Sehr selten. Zu feinen Fleischgerichten, aromatischem Käse oder einfach so. 16–18 °C.

Rotweine

Pinot nero
Vergleichbar dem Blauburgunder. Wird selten angebaut, zeitigt aber beste Ergebnisse. Intensiver Wein zu intensiven Gerichten. Lagerfähig. 18 °C.

Refosco dal penducolo rosso
Autochthone Rebsorte. Ergibt tiefrote, intensive Weine mit erdigem Geschmack. Bestens geeignet zu kräftigen Friulaner Fleischgerichten. 16–18 °C.

Schioppetino
Autochthone Rebsorte aus dem Collio und den Colli Orientali. Körperreicher Wein mit relativ geringem Alkoholgehalt. Selten. Vor allem zu Wildgerichten. 16–18 °C.

Tazzelenghe
Äußerst seltener, autochthoner Wein aus den Colli Orientali, ziemlich tanninhaltig. Passend zu Braten und Wild, die in ihm geschmort wurden. 16–18 °C.

Terrano
Auch Teran. Typischer Rotwein im Karst. Die Rebe ist eine Spielform des Refosco. Sehr erdig im Geschmack, passend zu rustikalen Gerichten. Jung zu trinken. 16–18 °C.

Nützliche Adressen

A.I.A.T.
Agenzia di Informazione e
di Accoglienza Turistica
Via San Nicolò 20
34121 Trieste
Tel.: +39/040/679611
Fax: +39/040/6796299
www.triestetourism.it

A.I.A.T.
Carnia
Via Umberto I. 15
33022 Arta Terme
Tel.: +39/0433/929290
Fax: + 39/0433/92104
www.carnia.it

AIAT
Grado
Via Dante 72
34073 Grado
Tel.: +39/0431/877111
Fax: +39/0431/83509
www.gradoturismo.info

REGIONE AUTONOMA FRIULI VENEZIA GIULIA
Viale Miramare 19
34135 Trieste
Tel.: +39/040/3775747
Fax: +39/040/3775796
www.turismo.fvg.it

Bildlegenden

(Seiten 25–36)

Der Schauspieler in Ceroglie
Kartenstudium in der Dama Bianca
Oliven
Ausgangspunkt Bankomat
Speisekarte
Antipasti
Der Schauspieler bei Tisch
Gegen den Durst
Der Schauspieler vor dem Caffè Vecchio in Venzone
Unterwegs in Venzone
Der Schauspieler am Lago di Sauris
Bei den berühmten Schinken von Sauris

(Seiten 97–108)

Duino: Dama Bianca im Winter
Pause in Grado
Jakobsmuscheln
Der Schauspieler in Porto Buso
In der Lagune
Bei Tisch
Unterwegs in der Lagune
Hafenimpression
Der Schauspieler und der Poet
In Duino
Der Poet und die Kirschen
Der Schauspieler, der Poet, ihr Freund und der Wein

(Seiten 169–180)

Aperitivo
Brot
Kaiserwasser
Bei Tisch
Unterwegs in San Pelagio
In einer Osmizza im Karst
Oktopus
Der Poet auf seiner Yacht
Der Poet auf großer Fahrt
Die drei Grazien und die Sirene
Bei Monfalcone
Die Yacht des Poeten

Ortsregister

Inhaltsverzeichnis

Der arme Mann und das Meer

Karst – karg, aber köstlich

Auf und ab im Collio

Kreuzfahrt im Golf

Anhang